I0877316

ABITARE IL GENIO

Per un *Atlante delle Case d'Autore*

a cura di

LAURA MELOSI

LEO S. OLSCHKI EDITORE
MMXXIV

Tutti i diritti riservati

Casa Editrice Leo S. Olschki
Viuzzo del Pozzetto, 8
50126 Firenze
www.olschki.it

Volume pubblicato con il contributo dell'Università degli Studi di Macerata
(PNR - Fondo per la promozione e lo sviluppo delle politiche
del Programma Nazionale della Ricerca)

unimc
UNIVERSITÀ DI MACERATA

ISBN 978 88 222 6967 6

Laura Melosi

IL PROGETTO ACA DELL'UNIVERSITÀ DI MACERATA

Con i suoi 55 siti Unesco e i 12 ambiti culturali tutelati come patrimonio immateriale, l'Italia detiene un primato mondiale per il suo ruolo di custode di una tradizione, di una bellezza e di una storia di rilievo internazionale. La centralità della cultura italiana nel mondo è attestata in maniera evidente dalle personalità che nel tempo hanno contribuito a dare lustro al Paese attraverso l'attività dell'ingegno.

L'idea di allestire uno strumento duttile quale l'*Atlante delle Case d'Autore* nasce dalla consapevolezza di essere depositari di una storia culturale unica nel suo genere. Si pensi alla musica classica, il cui lessico specifico è stato esportato all'estero e tuttora riveste un ruolo centrale nella classificazione ritmica delle partiture e nel canto; all'arte, coltivata da maestri noti in tutto il mondo per i loro capolavori esposti nei principali musei; alla letteratura, non soltanto depositaria di suggestioni tradotte nelle principali lingue, ma anche veicolo per contatti sovraregionali, per l'evoluzione del pensiero e per lo scambio di idee.

Il progetto ACA dell'Università di Macerata è nato con l'intento di gettare le basi per la realizzazione di una mappatura informatizzata delle dimore di personaggi della cultura presenti nelle regioni dell'Italia medio-adriatica e dell'Appennino centrale, affrontando il tema della talora scarsa attrattività generata da queste zone a livello di turismo culturale. L'indagine ha riguardato, in particolare, le Marche, l'Abruzzo e l'Emilia-Romagna e va intesa come progetto pilota per un'analisi più ampia, auspicabilmente destinata a coinvolgere, in futuro, l'intero territorio nazionale. Nella ricognizione è stata adottata una visione multipla attraverso il censimento sia delle dimore già istituzionalizzate, sia di quelle potenzialmente attivabili, riconducibili a personaggi provenienti da diversi ambiti culturali che abbiano dato lustro alla nostra tradizione con le opere del loro intelletto: scrittori, poeti, musicisti, artisti di consolidata fortuna negli studi e nella conoscenza diffusa.

Lo scopo della mappatura è quindi duplice: da un lato, contribuire alla ricostruzione della rete di relazioni sorta attorno ai personaggi attivi nelle regioni selezionate in questa prima fase, allo scopo di comprendere le dinamiche di diffusione della cultura, individuando e connettendo i contesti in cui nacquero e si svilupparono storicamente fenomeni di portata internazionale; dall'altro, favorire la conoscenza e l'inserimento nel circuito di valorizzazione turistica di aree che allo stato attuale ne risultano in gran parte escluse, elevando anch'esse a nuove tappe di un ideale Grand Tour.

Il metodo

La ricerca è stata strutturata in quattro momenti successivi.

L'avvio ha riguardato l'analisi e lo studio dello specifico oggetto d'indagine, allo scopo di identificare le caratteristiche di una Casa d'Autore, nonché di definire una tassonomia delle realtà architettoniche e amministrative ravvisabili nel frastagliato panorama odierno, che annovera case museo, fondazioni, centri culturali, dimore private e altre fattispecie.

Focalizzando l'attenzione sull'area geografica prescelta, in una seconda fase si è proceduto all'individuazione delle realtà presenti sul territorio, distinguendo tra quelle già configurabili come Case d'Autore e quelle che ad oggi costituiscono soltanto centri d'interesse potenziale sul territorio. I criteri messi a punto riguardano l'importanza del personaggio vissuto nella casa, le condizioni di conservazione della stessa, l'esistenza di un indotto già attivo attorno ad essa, la presenza di biblioteche, archivi o collezioni d'arte collegate alla casa, la possibilità di accesso ai locali.

La terza fase, centrale per la scientificità del progetto, ha concentrato l'attenzione su cinque casi di studio, relativamente ai quali sono state raccolte informazioni di carattere storico ed economico e sono stati studiati i personaggi che le hanno abitate. La scelta è caduta su realtà di natura culturale, di assetto architettonico e di configurazione amministrativa molto diverse: la Fondazione Carlo e Marise Bo di Urbino (PU), Casa Fellini di Gambettola (FC), il Centro Studi e Casa Museo Licini di Monte Vidon Corrado (FM), Casa Michetti di Tocco da Casauria (PE), il Parco Poesia Pascoli di San Mauro (FC). Il confronto delle diverse esperienze ha consentito di sviluppare la riflessione sulle strategie con cui contribuire alla conoscenza di ulteriori realtà attualmente escluse dai circuiti di valorizzazione turistico-culturale.

Come quarta e ultima fase si è curata la realizzazione delle schede descrittive dell'*Atlante* a partire dalle cinque iniziali, e la loro pubblicazione online nel database allestito per accogliere i dati della ricerca, strutturati in formato aperto compatibile con i principali standard nazionali e internazionali.

Risultati e attese

La ricerca intende, in primo luogo, porre in evidenza la rete di relazioni venutasi a creare attorno ai personaggi considerati, per contribuire a una comprensione migliore dei rapporti culturali instaurati da ciascun Autore, solitamente in contatto con omologhi italiani ed esteri, spesso attivi anche nella stessa area. Un simile rilevamento costituisce indubbiamente uno strumento di grande utilità per comprendere le dinamiche di diffusione culturale storicamente attive non soltanto in Italia: ripercorrere in maniera sincronica i legami esistenti tra esponenti di una stessa società, valutando la qualità e la vastità geografica dei contatti avviati, e contestualmente analizzare in maniera diacronica l'evoluzione delle direttrici culturali, specie per la produzione musicale, artistica e letteraria, nonché la diffusione delle idee, sono operazioni che consentono di collocare i fenomeni nel tempo e nello spazio in cui essi hanno avuto origine, senza dimenticare che l'attività di un Autore non è mai avulsa da quella dei suoi predecessori, dei contemporanei e dei posteri.

Coerentemente con il suo mandato di alta divulgazione scientifica, la mappatura affidata all'infrastruttura progettata e in fase di popolamento intende contribuire – anche sulla scorta della rete di relazioni – alla creazione di percorsi tematici e turistici che possano avere una ricaduta didattica e culturale, ma anche economica. Proprio per questa ragione, il progetto ACA non sta censendo solamente le Case d'Autore "in atto", operanti sul territorio e dunque aperte al pubblico, ma in generale tutte le realtà che, rispettando i criteri di selezione individuati in fase iniziale, mostrino un'attrattività storico culturale e turistica. L'attenzione anche alle Case d'Autore "in potenza", infatti, presenta due importanti vantaggi: in primo luogo, differenziarsi dai progetti già esistenti, che per scopi comprensibilmente promozionali selezionano e tracciano percorsi relativi ai siti aperti al pubblico; in secondo luogo, valorizzare la conoscenza di altri siti notevoli, creando interesse verso centri che hanno accolto personaggi illustri, ma che attualmente risultano esclusi dai tradizionali circuiti turistici.

L'area delle regioni italiane medio-adriatiche e centro-appenniniche, infatti, non è trascurata dai progetti di rete internazionali, nazionali e regionali esistenti, ma vi è scarsamente rappresentata e i risultati non sono ancora fruibili mediante una mappata open access, basata su un set di dati frutto di indagine scientifica. A livello nazionale e sovranazionale è presente l'ICOM (The International Council of Museums, https://icom.museum/en/), organizzazione che fissa standard per le attività museali, i cui organi deputati alla cooperazione e alla comunicazione non hanno, ad oggi, sviluppato mappe o strumenti di ricerca digitali in questo ambito, nonostante l'attivazione del DEMHIST (https://demhist.mini.icom.museum/), un comitato dedicato proprio alle case museo. Anche l'Italia aderisce a questa commissione tematica, attraverso un apposito gruppo di lavoro (ICOM Italia – Case Museo: https://www.icom-italia.org/commissione-case-museo-icom-italia/) che, dopo un'interruzione delle attività nel 2021, ha ripreso il proprio ruolo di sensibilizzazione nel corso del 2023, a riprova della rinnovata urgenza di individuare quali caratteristiche delineano la fisionomia della casa museo, per permetterne una migliore tutela e una più funzionale valorizzazione tramite il ricorso a strategie gestionali specifiche.

Sempre nel nostro Paese è inoltre attivo il progetto Musei Italia (https://www.museionline.info/), portale dei musei e dei monumenti italiani dal carattere puramente informativo: per ogni museo è riportata una breve descrizione della struttura (senza particolari riferimenti all'artista), una lista dei suoi orari, dei suoi servizi e il link della pagina ufficiale del museo.

L'Associazione Nazionale Case della Memoria (https://casedellamemoria.it) riunisce le case museo di personaggi illustri di ogni campo del sapere (arte, letteratura, scienza, storia). Dispone di un sito web con le informazioni essenziali relative alle singole istituzioni e alle loro attività, con una mappatura dei luoghi aderenti all'iniziativa, ma senza alcuno strumento digitale di ricerca. Si evidenzia, inoltre, una notevole lacuna in corrispondenza della zona dell'Italia centro-meridionale, della quale è censito solo un numero esiguo di dimore.

Di respiro nazionale è anche il progetto Case di scrittori (https://www.casediscrittori.it), un repertorio online che mette a disposizione dell'utente un elenco delle case museo, dei centri studio, delle fondazioni di scrittori italiani o stranieri presenti in Italia. È dotato di un indice degli autori e di uno strumento di navigazione che permette di effettuare ricerche "per scrittore" o "per luogo". Tuttavia, le schede disponibili per gli autori contengono solo le informazioni biografiche essenziali e le ricerche per luogo rimandano alla pagina Google Maps corrispondente. Gli strumenti di ricerca disponibili, pertanto, non hanno rilievo scientifico.

Sono attivi in Italia anche progetti regionali, come il Coordinamento Case Museo dei Poeti e degli Scrittori di Romagna (http://www.casemuseoromagna.it/index.php?id=3). Il sito, privo di connessioni con altre risorse web, propone una mappatura dell'area di interesse con nove dimore e una galleria di foto, accompagnata da una breve presentazione della struttura e dei suoi orari.

Nel caso del progetto Casa Museo Marche (https://www.casemuseomarche.it/), invece, sono presenti riferimenti ad altre realtà internazionali, come il già citato progetto DEMHIST, del quale si condividono i criteri di catalogazione. Il sito web presenta notizie relative all'artista e al luogo d'interesse, ma non dispone di strumenti di ricerca digitali e le informazioni offerte non hanno rilevanza scientifica. Da segnalare, sempre nel contesto marchigiano, la rete per il Welfare Culturale nelle Marche (https://www.welfareculturalemarche.it/), che conduce una mappatura territoriale del benessere, promuovendo l'incontro e la co-progettazione tra cultura, società e sanità, e che vede l'Università degli Studi di Macerata tra i suoi aderenti.

Per quanto riguarda la regione Abruzzo, non sono al momento attive piattaforme specifiche per le dimore d'autore, ma parchi letterari (https:/www.parchiletterari.com/index.php) dedicati a Ovidio, d'Annunzio, Silone e Croce.

Nel suo sviluppo futuro, l'*Atlante delle Case d'Autore*, grazie allo studio scientifico delle relazioni e dei percorsi degli stessi autori interessati, e alla raccolta e condivisione di dati open access e interoperabili, non fungerà solo da progetto di complemento rispetto a quelli già esistenti, ma apporterà elementi di novità. Esso, infatti, consentirà di mettere a frutto la rete locale e globale attualmente poco più che nominale, uniformando l'accessibilità culturale e costruendo network che coinvolgano non solo i luoghi già attivi, ma anche quelli da inventare, e dunque introducendo un elemento di unicità e innovazione rispetto al panorama esistente.

***

In chiusura di questa prima fase dell'esperienza di ACA, nata come Progetto d'Ateneo in attuazione del DM 737, Fondo per la promozione e lo sviluppo delle politiche del Programma Nazionale della Ricerca (PNR), desidero ringraziare coloro che hanno aderito all'iniziativa scientifica nella sua formulazione iniziale: Francesco Sberlati dell'Università di Bologna; Andrea Lombardinilo e Pierluigi Ortolano dell'Università di Chieti-Pescara; Roberto Mario Danese, Salvatore Ritrovato e Alessio Torino dell'Università di Urbino; le colleghe e i colleghi dell'Università di Macerata Elena Cedrola, Costanza Geddes da Filicaia, Marta Giovannetti, Manuela Martellini, Edoardo Ripari, Mauro Saracco; e inoltre Stefano Bracalente del Centro Studi e Casa Museo Osvaldo Licini di Monte Vidon Corrado, Serena

Zavalloni del Comune di San Mauro Pascoli e Gambettola e Caterina Volponi della Casa Museo Paolo Volponi di Urbino.

Sono inoltre grata ad Angelo Piero Cappello, Direttore Generale Creatività Contemporanea del Ministero della Cultura, per l'interesse manifestato verso il progetto.

Un ringraziamento particolare va, infine, alla squadra dei giovani ricercatori e ricercatrici dell'Università di Macerata che a vario titolo si sono resi parte attiva nella ricerca sul campo, nell'allestimento del database e nella realizzazione di questo volume: Ilaria Cesaroni, Fabio Curzi, Maria Valeria Dominioni, Sara Filippetti, Sara Gallegati, Roberto Lauro, Gioele Marozzi, Matteo Maselli, Valentina Pagnanini.

PER UN *ATLANTE DELLE CASE D'AUTORE*

Fondazione Carlo e Marise Bo per la Letteratura Europea
Moderna e Contemporanea (Urbino)

Roberto M. Danese – Marcella Peruzzi

LA BIBLIOTECA DI CARLO BO ALLA FONDAZIONE CARLO E MARISE BO DI URBINO

Non omnes legi, sed omnes dilexi, si legge in una targa sulle pareti dello splendido cortile quattrocentesco di Palazzo Passionei Paciotti di Urbino e sotto il nome, in latino, di Carlo Bo che ha scelto questa massima per introdurre il visitatore alla sua biblioteca.

Si tratta di una delle più vaste biblioteche d'autore conservate al mondo, con oltre 100.000 unità bibliografiche, tra monografie, periodici, opuscoli ed estratti.

Carlo Bo

Carlo Bo è stato un critico letterario ed è considerato il maggiore studioso ispanista e francesista del Novecento in Italia. Nato a Sestri Levante nel 1911, è stato allievo di Camillo Sbarbaro, che gli trasmette l'amore per la letteratura e la lettura. Negli anni universitari a Firenze conosce Giovanni Papini e, dal 1930 al 1938, collabora per la rivista «Il Frontespizio» insieme agli scrittori Piero Bargellini, Nicola Lisi e Carlo Betocchi. Accanto a questi maestri, frequenta i suoi compagni di studio, poi amici di una vita: lo scrittore Tommaso Landolfi, il germanista Leone Traverso, i critici letterari Renato Poggioli, specializzato in letteratura russa e Oreste Macrì, ispanista, i poeti Piero Bigongiari, Mario Luzi, Alessandro Parronchi ed Eugenio Montale, allora direttore del Gabinetto Scientifico e Letterario G. P. Vieusseux. Con loro si incontra regolarmente al Caffè San Marco e, in seguito, al Caffè Giubbe Rosse. Sono uniti dal comune fervore per la nuova poesia e per la letteratura europea contemporanea, che leggono e traducono, oltre ad essere molti di loro scrittori o poeti. L'isolamento nello spazio interiore, la ricerca di principi morali, di valori assoluti e di una verità metafisica erano i loro ideali comuni, vissuti come un credo e come forma di rifugio contro la retorica del regime fascista. L'opposizione alla dittatura, infatti, non si concretizzava in un impegno politico attivo, bensì in una dissociazione di carattere culturale: quei valori etici che il fascismo disprezzava erano gli stessi valori a cui quel gruppo restava fedele.

Nel 1938, al quinto Convegno degli scrittori cattolici nel Convento di San Miniato al Monte di Firenze, Carlo Bo legge il saggio *Letteratura come vita*, considerato il testo fondamentale della critica ermetica e pubblicato nello stesso mese su «Il Frontespizio». Nel saggio esprime un principio a cui resterà sempre fedele, letteratura come vita significa che la letteratura è «una strada, e forse la strada più completa, per la conoscenza di noi stessi, per la vita della nostra coscienza». Letteratura è mezzo di ricerca, di indagine interiore dell'uomo considerato nella sua dimensione etica e metafisica. Questa concezione totalizzante della letteratura implica, di necessità, una vita esclusivamente dedita ad essa, poiché «la letteratura è una condizione, non una professione».

A partire dal 1938 inizia anche il rapporto di Carlo Bo con l'Università di Urbino, dove insegna Lingua e letteratura francese e di Lingua e letteratura spagnola. Abbandonerà l'insegnamento solo nel 1981, per sopraggiunti limiti d'età e, eletto rettore dell'Ateneo urbinate nel 1947, ricoprirà l'incarico senza interruzione per cinquantaquattro anni, fino alla sua morte, avvenuta nel luglio del 2001.

In un'epoca in cui i professori si fermavano nelle sedi di provincia solo il tempo necessario a prendere possesso della cattedra per poi trasferirsi in atenei più prestigiosi, la scelta di Carlo Bo si rivelava anomala. Urbino non era che uno sperduto borgo agricolo, ma Bo decide di rimanervi e, col passare del tempo, la piccola cittadina del Montefeltro diventerà il "paese dell'anima".

Nel 1941, a Milano, conosce la scrittrice Marise Ferro con cui sfugge ai bombardamenti rifugiandosi prima a Sestri Levante, poi a Rivanazzano e infine a Valbrona, nei pressi del Lago di Como. Finita la guerra, nel 1944, si stabilisce con lei a Milano e si sposeranno nel 1961.

Grazie all'attività rettorale di Carlo Bo l'ateneo marchigiano, fino allora minore nel panorama universitario italiano con solo tre Facoltà (Giurisprudenza, Farmacia e Magistero), acquista un ruolo di prestigio che coinvolge la rinascita della città stessa. La sua autorevolezza è tale da attrarre nomi illustri che verranno ad arricchire il corpo docente dell'Università, tra i quali Claudio Varese, Arturo Massolo, Fabio Cusin, Piero Rebora, Leone Traverso e Bruno Gentili; nel contempo, egli affida all'architetto Giancarlo De Carlo la ristrutturazione di numerosi palazzi storici, per adibirli a usi didattici e amministrativi, e la costruzione di nuovi edifici tra cui, in particolare, i collegi per gli studenti.

Nel 1951 fonda la Scuola per interpreti e traduttori di Milano, che poi aprirà sedi in tutta Italia e nel 1968, insieme a Silvio Federico Baridon, fonda sempre a Milano la IULM (Libera università di lingue e comunicazione).

L'importanza rivestita da Carlo Bo nel panorama culturale è testimoniata anche dalla sua partecipazione, quasi sempre in qualità di Presidente, a prestigiosi premi letterari e dai numerosi riconoscimenti ufficiali quali il conferimento della cittadinanza onoraria di Urbino (nel 1956), di Sestri e di Genova (nel 2001, in occasione dei suoi novant'anni), la nomina di Chevalier de la Légion d'Honneur dal Presidente della Repubblica Francese (nel 1961), quella del Presidente della Repubblica Sandro Pertini a Senatore a vita (nel 1984), la laurea *ad honorem* in Lingue e letterature straniere dell'Università di Verona (nel 1996), le cerimonie per i cinquant'anni di rettorato, l'assegnazione di molteplici premi e medaglie di ambito culturale. Continua a scrivere come critico militante per numerosi quotidiani e riviste (tra le collaborazioni più costanti quelle con «La Stampa» dal 1956, il «Corriere della Sera» dal 1963, «L'Europeo», «Il Sabato» e «Gente» negli anni Ottanta), recensendo gli autori contemporanei per indagare ancora il rapporto tra letteratura e verità, ma agli interventi di carattere letterario si accompagnano sempre più spesso quelli sulle questioni culturali, sociali e politiche dell'attualità.

La produzione letteraria di Carlo Bo è costituita prevalentemente da articoli e saggi che, spesso pubblicati in giornali e riviste, sono stati poi ripresi e riuniti a formare raccolte in volume. Molteplici, inoltre, sono le curatele e le traduzioni, ma anche gli scritti introduttivi o interni in pubblicazioni altrui e le opere scritte in collaborazione.

La Biblioteca

La Biblioteca di Carlo Bo, conservata a Palazzo Passionei Paciotti di Urbino, è costituita dall'unione delle quattro biblioteche che Carlo Bo aveva raccolto nelle sue abitazioni (una a Milano, una a Urbino e due a Sestri Levante); essa è composta da oltre 100.000 unità bibliografiche, tra monografie, periodici, opuscoli ed estratti. I filoni di letteratura francese e italiana sono i più ricchi, ma significativa è anche la consistenza delle altre letterature (circa 9.000 titoli), della teoria della letteratura (circa 3.000 titoli), delle scienze umane (13.000 titoli), delle arti (oltre 3.000 titoli) e delle scienze sociali (quasi 3.500 titoli). Le testate di periodici superano le 2.000 unità, di cui più della metà sono di ambito letterario. Gli estratti sono oltre 1.500, anch'essi principalmente di letteratura. Si segnala, inoltre, la presenza di un fondo antico, costituito prevalentemente da edizioni del Settecento e dell'Ottocento di scrittori e filosofi francesi, composto da circa 500 unità, tra le quali si contano una decina di cinquecentine e una ventina di seicentine.

Fu Carlo Bo stesso a volere e organizzare nei suoi tratti essenziali la Fondazione Carlo e Marise Bo poco prima della sua morte. Una Fondazione che vede l'Università di Urbino come attore principale (il Presidente è per statuto il Rettore in carica dell'Ateneo), ma che ha come soci fondatori anche il Comune di Urbino e la Fondazione Cassa di Risparmio di Pesaro. La «Fondazione Carlo e Marise Bo per la letteratura europea moderna e contemporanea» si è costituita, con atto notarile, il 3 febbraio 2000. L'istituzione della fondazione era implicita nelle condizioni che il Rettore Carlo Bo aveva imposto nell'offerta di donazione modale della sua biblioteca all'Ateneo. Le principali clausole contenute in tale atto – così come risulta dal verbale del Consiglio di Amministrazione dell'Università Urbino del 31 marzo 2000 – imponevano, infatti, l'obbligo di inventariare, catalogare e rendere disponibili i volumi alla pubblica fruizione, ma anche quello di aggiornare e conservare il patrimonio librario «sulla base delle indicazioni dell'istituzione che ne avrà la gestione culturale, scientifica e operativa». Le altre clausole prevedevano le tempistiche del trasferimento e quelle della catalogazione, la sistemazione e collocazione dei libri presso Palazzo Passionei-Paciotti, oltre alla promozione di iniziative e attività sulla letteratura del Novecento.

La volontà di Bo di non limitarsi a donare il proprio patrimonio librario all'Ateneo, ma di creare un'apposita istituzione per la gestione dello stesso era dettata da forti motivazioni. Infatti, in primo luogo, essa deve garantire nel tempo la conservazione del carattere unitario della biblioteca e la sua autonomia gestionale, proteggendola da ogni rischio di smembramento o snaturamento. In secondo luogo, promette di assicurarne, attraverso i propri organi scientifici, una crescita coerente con la sua vocazione e missione. In terzo luogo, ne colloca il funzionamento, le attività e lo sviluppo all'interno di un programma culturale e scientifico di notevole respiro, fatto di iniziative (convegni, seminari) connesse allo studio della figura e dell'opera di Carlo Bo, ma, per statuto ed epigrafe, *in primis* alle letterature europee moderne e contemporanee. Infine, la Fondazione può contribuire a radicare nel Montefeltro forme di cooperazione culturale fra più soggetti e coinvolgere altri operatori a sostegno di attività di rilievo culturale, ma anche economico, per il territorio, mantenendo vivo quel legame con Urbino che Carlo Bo ha coltivato per più di cinquant'anni e che è elemento identitario irrinunciabile per la città, oltre che per l'università che ha preso il suo nome.

Nell'ottobre 2004, dopo un intenso lavoro di collocazione e catalogazione dei volumi, la Biblioteca della Fondazione Bo è stata inaugurata e ha aperto al pubblico. Essa contiene gli autori amati dal letterato, ma anche i testi da lui selezionati con rigore critico e competenza bibliografica a scopo di ricerca, che costituiscono un modello di riferimento per la cultura umanistica novecentesca.

Sono quattro i settori che caratterizzano questa grande biblioteca d'autore per ampiezza e accuratezza bibliografica e che rispecchiano gli ambiti sui quali Carlo Bo ha scritto saggi di indubbio rilievo.

Il primo riguarda la collezione di teoria e critica della letteratura. Il saggio *Letteratura come vita* segna l'esordio ufficiale dell'operare critico di Carlo Bo; esso suscitò numerose reazioni nell'ambiente culturale e divenne, al di là delle intenzioni dello stesso autore, il manifesto del gruppo dei giovani scrittori che gravitavano attorno alle riviste del cosiddetto ermetismo. Negli anni del dopoguerra, quando le mutate esigenze della società richiederanno alla letteratura determinate risposte, Carlo Bo riflette sul rapporto della letteratura con la realtà esterna, rimanendo sempre fedele all'equazione che identifica la letteratura con la vita e rifiutando ogni compromesso con l'industria e la politica. Il dibattito critico sulla letteratura, sul suo significato e sulla sua funzione, a cui Bo ha partecipato attivamente durante il primo tempo della sua vita, è testimoniato dalla massiccia presenza nella biblioteca di quelle riviste sulle quali gli intellettuali dell'epoca si confrontavano. In totale l'emeroteca letteraria è composta da circa 450 testate. Tra quelle del periodo della vivace partecipazione di Bo, si possono ricordare «Campo di Marte» e «Letteratura», entrambe complete, ma anche «Circoli», «Corrente», «Il Frontespizio» e «Prospettive» delle quali sono conservati quasi tutti i fascicoli. Sono presenti anche riviste letterarie francesi, particolarmente ricca è la consistenza della «Nouvelle Revue Française».

Vi è poi la collezione di letteratura francese, un campo di studi a cui Bo si è dedicato tutta la vita, iniziando con le sue prime pubblicazioni in volume dedicate a Rivière e a Sainte-Beuve, e con numerosissimi interventi in rivista, poi frequentemente raccolti in antologie, sugli scrittori e la cultura francese. Risale al 1940 la silloge *Saggi di letteratura francese*, la prima di una lunga serie, insieme a testi monografici come quelli su Mallarmé e su *Madame Bovary*. La letteratura e la cultura francese sono centrali nella vita di Carlo Bo sia nel versante accademico, attraverso l'insegnamento universitario, sia in quello della critica militante e la biblioteca personale ben testimonia, con i suoi 20.000 documenti, questa adesione alla letteratura d'oltralpe. La copertura bibliografica in questo settore degli studi è strabiliante per una biblioteca privata. In particolare, le sezioni di poesia e narrativa novecentesche e del secondo Ottocento possono realmente essere definite dei paradigmi bibliografici. La dedizione lunga una vita si riflette nella massiccia presenza di opere pubblicate lungo l'arco esatto di un secolo, a partire dai primi anni del Novecento fino agli inizi del Duemila, con una spiccata prevalenza delle edizioni in lingua originale. Di rilievo, tra le altre, la ricca collezione saggistica su Marcel Proust composta da circa 350 titoli.

La raccolta di letteratura italiana, anch'essa ricchissima, rispecchia gli interessi di Carlo Bo critico rivolti prevalentemente agli autori novecenteschi. Le sue preferenze si indirizzano a quei poeti e narratori in cui riconosce l'urgenza dell'interrogazione interiore, la volontà di ricerca spirituale, morale, religiosa, ma anche psicologica o esistenziale. Tra i poeti, al di là dei tre grandi dell'Ottocento, Leopardi, Pascoli e l'ultimo d'Annunzio (quello del ripiegamento malinconico), la predilezione è rivolta a quelli che hanno gravitato intorno alla rivista «La Voce» (Boine, Jahier, Rebora, Sbarbaro, Campana) e ai nomi più importanti del Novecento (Ungaretti, Quasimodo, Montale, Saba, Sereni, Luzi), ma anche alla produzione dei cosiddetti minori, ad esempio i liguri e i marchigiani contemporanei non celebrati (o non ancora celebrati) dalla critica ufficiale.

Relativamente alla narrativa, oltre a Manzoni e ai maestri del passato recente, Pirandello e Svevo, l'apprezzamento è rivolto a quegli scrittori che non si discostano dall'idea di assoluto su cui si fondava la poetica dell'ermetismo (Lisi, Palazzeschi, Gadda, Vittorini, Bilenchi, Landolfi), ma anche a Bontempelli.

In biblioteca, la sezione di letteratura italiana conta ben 18.000 titoli. Anche in questo caso, come per l'area francese, il livello bibliografico di copertura delle sezioni di poesia e narrativa contemporanee è esemplare, ma se degli scrittori preferiti d'oltralpe le edizioni originali non sono poi così numerose, lo stesso non si può affermare per gli italiani. Soprattutto per i poeti preferiti, la presenza delle loro prime edizioni è, in molteplici casi, pressoché completa. Inoltre, è pregevole la consistenza numerica dei due grandi romantici italiani, Manzoni e Leopardi. Il primo, ammirato per la sua caratura morale e religiosa, si attesta intorno ai 450 esemplari, di cui ben 300 di studio sulla sua opera. Del secondo si contano circa 270 titoli tra testi e saggi.

Infine, la collezione di letteratura spagnola, della quale Bo si è occupato prevalentemente dalla fine degli anni Trenta e gli inizi dei Quaranta. La stagione spagnola si colloca, quindi, in quel clima di scoperta degli scrittori stranieri che pervadeva gli intellettuali fiorentini dell'epoca e che nasceva come forma di reazione alla chiusura nazionalistica operata dal regime fascista. L'interesse per la letteratura spagnola prende il via, secondo le testimonianze degli stessi Bo e Macrì, in seguito allo scoppio della guerra civile del '36 e acquista consistenza con la fucilazione di García Lorca. Il lavoro di ispanista del critico si è sviluppato soprattutto sul versante della traduzione, e in particolare si ricordano le due antologie cui si deve riconoscere il merito dell'introduzione in Italia della Spagna letteraria. La sezione di letteratura spagnola della Biblioteca Bo conta circa 2.300 titoli, la maggior parte dei quali precedenti agli anni Ottanta.

In circa 6.000 esemplari della biblioteca conservata a Urbino figurano dediche autografe a Carlo Bo, firmate da autori, editori, professori, amici e ammiratori, per un totale di oltre 2.600 dedicatori. Questi autografi, che hanno talvolta dignità di veri e propri testi letterari, offrono la possibilità di «ricostruire legami significativi di un dedicatario d'eccezione con altri esponenti della cultura italiana ed europea a lui contemporanea» (Di Domenico, 2004).

Dei 2.600 autori che hanno dedicato uno o più dei loro libri a Carlo Bo, moltissimi sono ascrivibili alle «aree ed eventi dei più vitali della ricerca letteraria del Novecento: le avanguardie parigine, la generazione degli anni Trenta in Spagna, la grande poesia e la narrativa italiana» (Paioni, 2003) e, in generale, al panorama intellettuale nazionale ed europeo di più alto prestigio.

Il Palazzo

Il Palazzo individuato da Carlo Bo per ospitare la sua vasta biblioteca è stato descritto come la più alta testimonianza dell'architettura civile urbinate di fine Quattrocento, seconda solo al Palazzo Ducale. Sembra che la famiglia Passionei abbia acquistato il palazzo dal Duca Federico stesso, apportandogli poi importanti modifiche. Circa un secolo più tardi subentrò la famiglia Paciotti e il palazzo passò di erede in erede fino al Settecento quando, per mancanza di figli maschi, venne dato in affitto alla Congregazione di Pian di Mercato, la Fraternità. Dal secolo XVIII si perdono le notizie sul palazzo e sui suoi proprietari, ma sappiamo che nell'Ottocento vi era ospitato un orfanotrofio femminile. Infine, nel Novecento il palazzo passò nelle mani della famiglia romana dei conti Ligi, i cui eredi il 26 giugno 1972 lo vendettero all'Università. Negli anni Settanta fu ristrutturato dall'architetto Giancarlo De Carlo nel rispetto di un criterio filologico volto a ripristinare le forme originarie del palazzo, che col tempo avevano subito modifiche.

Di rilievo sono le finestre edicolate di pietra arenaria e il monumentale portale cinquecentesco incorniciato a bugne. Notevole il cortile pensile che ha un lato aperto sul paesaggio, secondo un modello tipicamente urbinate. L'armonia delle proporzioni degli archi, la linea classica dei capitelli e delle colonne, il disegno delle incorniciature di porte e finestre, la raffinatezza del fregio con formelle un tempo dipinte (a colori bruno e oro oggi pressoché invisibili) richiamano l'opera di architetti quattrocenteschi di grande livello e alcuni elementi permettono di ricondurre questo edificio alle maestranze del Palazzo Ducale.

Degno di nota è l'ambiente più vasto del palazzo, ovvero il Salone, collocato nell'ala settentrionale del primo piano. Un fregio decorato in oro e azzurro corre sotto il cornicione della volta: vi sono raffigurate in rilievo la formica e la tartaruga, intercalate dal motto augurale *maneat domus donec formica aequor bibat et lenta testudo perambulet orbem* («resti questa dimora finché la formica non beva tutta l'acqua del mare e la lenta tartaruga percorra tutto il globo terrestre»).

Per ospitare la Biblioteca di Carlo Bo, Giancarlo De Carlo ha dotato ogni sala di scansie che ospitano i volumi e ha arredato gli ambienti con poltrone, tavolini e divani di design, creando un'atmosfera favorevole alla lettura e alla contemplazione, sull'impronta che lo stesso Bo aveva dato alla sua abitazione personale. A Milano, i due appartamenti contigui e comunicanti di sua proprietà erano ricolmi di volumi, con le pareti di ogni stanza – bagni compresi – ricoperte fino al soffitto di scaffalature, col tempo, poi, pile di libri si erano formate sui tavolini dei vari salotti e anche a terra.

Al secondo piano si trova la sala da lettura di Carlo Bo, arredata con il mobilio originale che un tempo decorava una stanza della sua casa urbinate. Sono appartenuti allo studioso il divano e le poltroncine in stoffa damascata floreale, il tavolinetto e le sedie impagliate, il tavolino ricoperto dal runner, la tv collocata sul mobiletto ligneo, il lampadario, ma soprattutto le numerose scatole di sigari da lui stesso conservate e oggi collocate sugli scaffali di questa stanza. Qui sono conservati alcuni dei libri che costituiscono l'area denominata «FTB: Figure e temi di Carlo Bo»: circa 6.000 titoli che comprendono i saggi di Bo insieme ai testi ritenuti più significativi per comprendere il pensiero di uno dei maggiori critici letterari italiani.

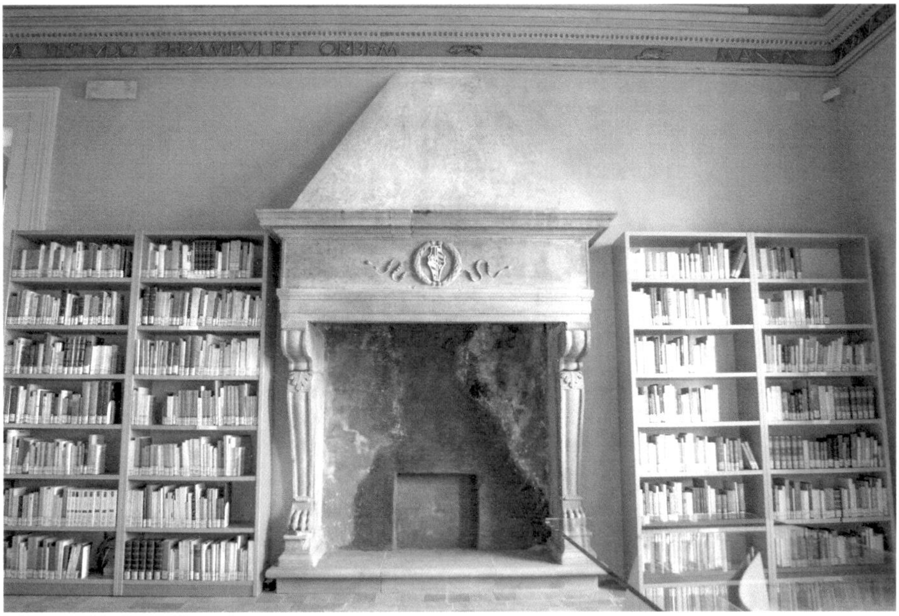

1

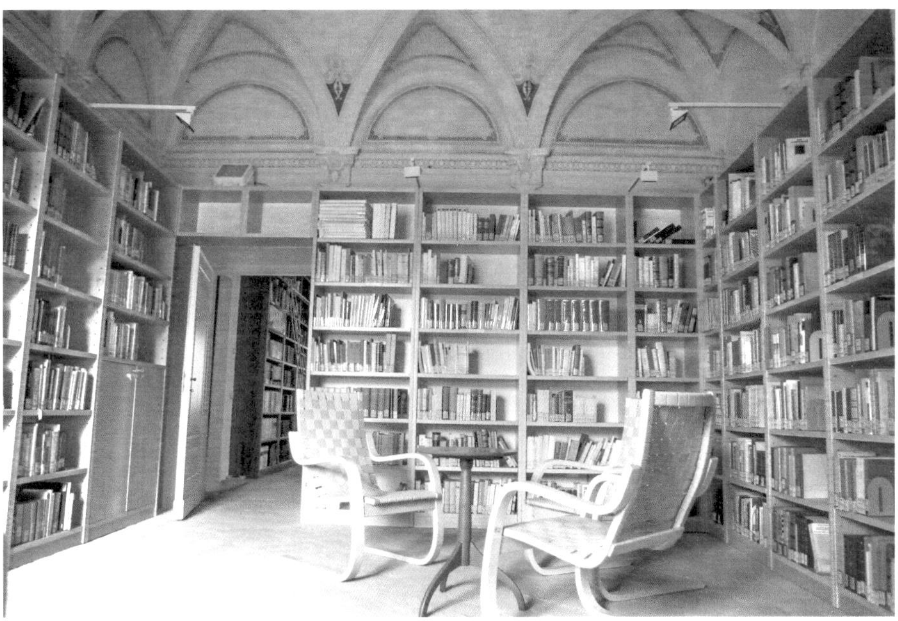

2

Fig. 1. Salone al primo piano di Palazzo Passionei Paciotti. Fig. 2. Sala di lettura al secondo piano della Biblioteca.

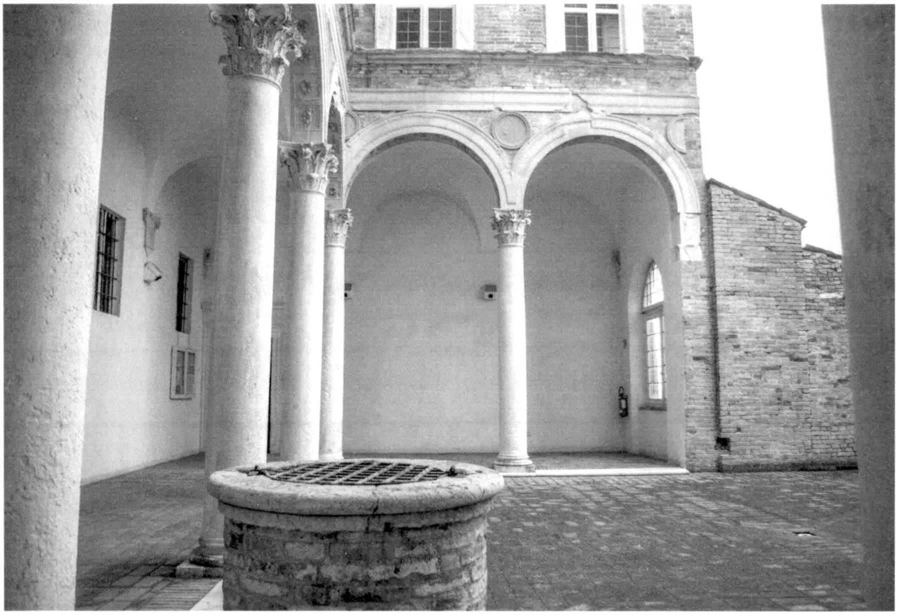

3

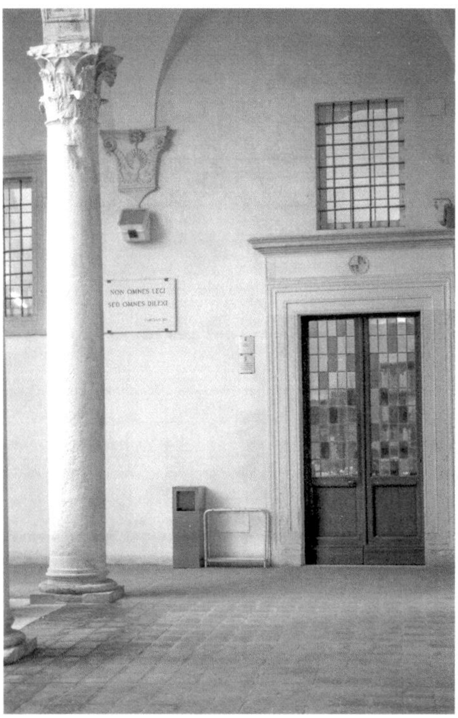

4

Fig. 3. Cortile di Palazzo Passionei Paciotti. Fig. 4. Dettaglio del cortile e targa con una massima scelta da Carlo Bo.

Casa Fellini

Edoardo Ripari

«E GARZÔL AD GAMBETTOLA L'È E BÔSCH»

Fellini romagnolo: tra Rimini e Gambettola

Il nome di Federico Fellini è associato da tutti alla città che gli diede i natali: Rimini, luogo fisico e mentale, reale e trasfigurato di film impressi nella memoria collettiva, dai *Vitelloni* ad *Amarcord* a *La voce della luna*. Eppure in più occasioni il regista ha rivendicato un'altra piccola patria ideale: «Gambettola è un paesino circondato dai boschi e io lo amo perché amavo la nonna più di chiunque altro. [...] La maggior parte dei momenti felici della mia infanzia li ho trascorsi con lei a Gambettola durante le vacanze estive». Così egli confessava alla scrittrice e giornalista americana Charlotte Chandler, soffermando i ricordi soprattutto sulla figura di Franzscheina, la nonna paterna Francesca Lombardini, nata a Sant'Angelo, frazione del comune di Gatteo, il 12 luglio 1860, «donna molto severa, dura, energica», in grado di «farsi rispettare nella conduzione della famiglia nei campi», «donna di grande e sincera fede», «molto religiosa e devota, a volte quasi bigotta», eppure tanto amata ed egli ha amato soprattutto attraverso di lei il paese in cui *e garzôl l'è e Bôsch*. Chi non ricorda la scena di *Otto e mezzo* – certo uno dei più visionari e autobiografici film di Federico – in cui la tipica *azdora* romagnola entra in scena recitando in un dialetto difficilmente comprensibile eppur tanto affascinante per mistero e capacità evocativa? «Col fazzolettone nero che le fasciava la testa, il nasone a becco, gli occhi brillanti come catrame liquido, mia nonna Franzscheina sembrava la compagna di Toro Seduto», ricordava il regista ancora in *Fare un film*, in cui la nonna e la casa di Gambettola gli paiono immagine da quadro di Hieronymus Bosch, il pittore fiammingo che sempre associa a Gambettola.

Né questa è la sola testimonianza del ruolo centrale che le estati passate dai nonni hanno avuto nella formazione dell'immaginario felliniano. Ezio

Lorenzoni, professore di latino e greco da poco scomparso e sempre attento a tener vivi i ricordi del paese, ne ha raccolta un'altra più particolareggiata nel suo *Fellini mio cugino. Dai ricordi di Fernanda Bellagamba*: «A Gambettola ci andavo d'estate. Mia nonna teneva sempre un giunco nelle mani, col quale faceva fare agli uomini certi salti da cartone animato. Insomma, faceva filare gli uomini presi a giornata per lavorare il campo. La mattina si sentivano risatacce e un gran brusìo. Poi, davanti a lei che appariva, quegli uomini violenti assumevano un atteggiamento di rispetto, come in chiesa. La nonna, allora, distribuiva il caffelatte e si informava di tutto. Voleva sentire il fiato di Gnichèla, per scoprire se aveva bevuto la grappa: e questi rideva, dava gomitate al vicino, per il pudore, diventava un bambino. [...] Anche con gli animali era straordinaria, indovinava le malattie, gli umori, i pensieri, le furberie: quel cavallo che si era innamorato chissà come della gatta. "Fra tre giorni arriva il garbein", annunciava con sicurezza infallibile. Ed era vero. Il garbein è un vento in più che abbiamo in Romagna. Un vento capriccioso, instabile, assolutamente imprevedibile. Per tutti, meno che per lei. [...] Quando penso a Gambettola, a una monaca alta due centimetri, ai gobbi al lume del fuoco, agli sciacalli dietro ai tavolacci, mi viene sempre in mente Hieronymus Bosch».

Insomma, il mondo onirico di Federico, che nei decenni, grazie a film indimenticabili, è diventato mondo condiviso proprio come i ricordi sepolti e riportati alla luce sono divenuti quasi archetipi, deve tanto a *E' Bôsch*. E se Rimini è per lui la Romagna cittadina, Gambettola è quella campagnola, i cui personaggi, gli scenari e le vicende animano la filmografia del regista non meno di quelli riminesi: «Da Gambettola — ha ricordato ancora Federico — passavano anche gli zingari, e i carbonari che trasmigravano verso le montagne dell'Abruzzo. Di sera, preceduta da urla orribili di animali, arrivava una baraccaccia fumigante. Si vedevano scintille, una fiamma. Era il castratore di porci. Arrivava, sullo stradone, con un mantellaccio nero e un cappello in disuso. La sua apparizione, i porci la sentivano in anticipo: perciò grugnivano spaventati. L'uomo portava a letto tutte le ragazze del paese. Una volta mise incinta una povera scema e tutti dissero che il neonato era il figlio del diavolo. L'idea per l'episodio *Il miracolo*, nel film di Rossellini [*L'amore*, 1948], venne di lì. Ma venne di lì anche il turbamento profondo che mi indusse a realizzare *La strada*».

Altrove il regista rammenta di quando lo mettevano seduto al sole, contro il muro caldo di casa, e in lui si manifestavano improvvisamente fenomeni di sovrapposizione sensoriale: «C'è stato un periodo della mia infanzia in cui, all'improvviso, visualizzavo il corrispondente cromatico dei suoni: un bue muggiva nella stalla di mia nonna? E io vedevo un enorme tappetone bruno-rossastro che fluttuava a mezz'aria davanti a me: si avvicinava, si restringeva, diventava una striscia sottile che andava a infilarsi nel mio orecchio destro. Tre rintocchi del campanile? Ed ecco tre dischi d'argento staccarsi lassù dall'interno della campana, e raggiungere fibrillanti le mie sopracciglia, sparendo all'interno della testa».

Anche Tullio Kezich, che sul regista ha scritto pagine memorabili, ebbe a sottolineare come «il risvolto magico e avventuroso» dell'infanzia felliniana, piuttosto che Rimini, «riguarda [...] i soggiorni estivi a Gambettola, nella casa che ha poi rievocato in *La strada* e *Amarcord*. [...] È l'immersione in un universo rurale ancora legato a usi e costumi dell'altro secolo: una società a parte dove si incrociano dialetti arcaici in fonazioni spesso incomprensibili, personaggi dai mestieri primitivi, vagabondi e zingari. Federico fa lievitare quel mondo ricco di umori, colori e misteri nella sua fantasia di ragazzo cittadino».

E sotto questi rispetti, come non rammentare il ruolo di primo piano che il mondo circense ha avuto per la sua formazione? Ecco come il regista rievoca l'incontro con il clown Pierino: «Questa ebbrezza, questa commozione, questa esaltazione, questo immediato sentirmi a casa mia io l'ho provato subito, la prima volta che sono entrato sotto la tenda di un circo; e non era nemmeno l'ora dello spettacolo, con il chiasso della gente che si affolla e la musica che riempiva l'aria di fragore assordante; no, era la mattina presto e sotto il tendone dorato che respirava appena come una gran panciona calda, accogliente, non c'era nessuno. Si sentiva un gran silenzio, incantato, da lontano la voce di una donna che cantava sbattendo i panni e, solo, il nitrito di un cavallo, da qualche parte. Sono rimasto rapito, sospeso, come un astronauta abbandonato sulla luna che ritrova la sua astronave. E quella sera stessa, quando seduto sulle ginocchia di mio padre, tra le luci abbaglianti, il clangore delle trombe, i ruggiti, le urla, l'uragano sussultante degli applausi, ho visto lo spettacolo, ne sono stato folgorato; come se di colpo avessi conosciuto qualcosa che mi apparteneva da sempre e che era anche il mio futuro, il mio lavoro, la mia vita. I clown aberranti, grotteschi, ciabattoni, straccioni, nella loro totale irrazionalità, nella loro violenza, nei capricci abnormi, mi sono apparsi come gli ambasciatori ubriachi e deliranti di una vocazione senza scampo, un'anticipazione, una profezia: l'annunciazione fatta a Federico».

Se è vero che la visione del film *Maciste all'inferno* è punto di riferimento immediato qualora si voglia rintracciare l'inizio della vocazione di Fellini al cinema, non si deve dimenticare che il circo è parimenti scena primaria nel suo inconscio: «Il circo di Pierino, probabilmente piccolissimo, a me parve immenso, un'astronave, una mongolfiera, qualcosa con cui avrei viaggiato.

Quando fu l'ora dello spettacolo, ed esplosero attorno a me le trombe, le luci, gli applausi, i rulli di tamburo, i lazzi gridati dei clowns, la loro ciabattante buffonesca stracciona ilare irrazionalità, mi sembrò confusamente di essere atteso, che aspettassero me. Mi parve che mi riconoscessero, come i burattini di Mangiafuoco quando dal palcoscenico vedono in fondo al tendone Pinocchio e lo salutano come uno dei loro, chiamandolo per nome, abbracciandolo e ballando insieme tutta la notte».

Eppure Sandro Becchetti, fotografo autore del film-documentario *Amarcord Gambettola*, dopo essere passato per Gambettola e per Rimini, confessava di aver avuto l'impressione che «ormai Fellini» non abitava più in queste terre, che pure hanno dato al suo cinema «personaggi unici, mai banali, mai totalmente cattivi o totalmente buoni». Quasi a voler risarcire Federico per questa disattenzione, già nel 1998 ebbe a realizzare un reportage mosso dalla convinzione che proprio la Romagna, e nella fattispecie la cittadina di Gambettola, fossero il punto di origine della sua ispirazione. La mostra fotografica *Romagna sua. La terra di Fellini*, allestita recentemente alla Stazione degli artisti di Gambettola (13 gennaio-11 febbraio 2024, poi prorogata di quindici giorni), l'ha voluto dimostrare e ribadire in cinquanta scatti inediti la cui esposizione ha idealmente chiuso un cerchio aperto oltre cinque lustri prima. Proprio Becchetti invero, consapevole del rischio che la casa dei nonni paterni di Federico potesse essere abbattuta, sollecitò l'allora sindaco di Gambettola Daniele Zoffoli (1995-2004) ad agire in tempo: «Salvate la casa – gli avrebbe detto – e io vi regalo le foto sul set di *Prova d'orchestra*». E Zoffoli colse lo stimolo per lanciare l'idea del recupero dell'edificio, che doveva diventare una sorta di museo dedicato al grande regista, un "amarcord felliniano".

La casa delle vacanze estive

Casa Fellini a Gambettola, in provincia di Forlì-Cesena, è un tipico casolare sito in via Sopra Rigossa 821, un tempo immerso nella campagna e ora inserito nel parco pubblico cittadino pure dedicato al regista, acquistato dal Comune nel 2003 allo scopo di rigenerarlo e valorizzarlo come contenitore culturale. Già ristrutturato nel 1960 dagli allora proprietari, è stato utilizzato sino a inizio 2000 come abitazione a servizio del fondo agricolo. Di superficie utile di 159,31 m^2, di cui 117,53 del corpo di fabbrica principale e 41,78 dei corpi di fabbrica annessi, risulta costituito da un volume in muratura di laterizio portante su due piani, con scala di collegamento centrale.

L'annunciato restauro ha offerto al ricercatore Claudio Riva l'occasione per approfondite indagini sull'immobile e sulla famiglia Fellini effettuate sui documenti e sui registri degli archivi storici parrocchiali di Bulgaria, Balignano e Gambettola conservati nell'archivio Storico Diocesano di Cesena-Sarsina. Nel 2006 lo studioso ha rinvenuto il rogito notarile che attesta l'anno di acquisto della casa (1853) da parte di Giuseppe Fellini, bisnonno di Federico. Presto sono emersi altri dati significativi che certificano le origini longianesi e gambettolesi della famiglia del regista.

Giuseppe nacque il 28 luglio 1782 a Badia di Longiano da Luigi (1750-1785) e da Giulia Baldini e fu battezzato a *e Bôsch*. Luigi, Giulia e figli convivono a Bulgaria con il nucleo famigliare di Michele, fratello di Luigi, i quali ultimi sembrano essere mezzadri. Il 5 giugno 1836 Giuseppe sposa Maria Stella Zandoli e l'anno successivo i due si trasferiscono a Balignano, pur facendo battezzare i figli a Gambettola. Ha ricordato Riva: «Anche se non confortato dalle fonti storiche, tutto porta a credere che, in conformità alle condizioni sociali dell'epoca, anche a Balignano i Fellini siano mezzadri almeno all'inizio. Indubbiamente però con l'andar del tempo ai Fellini, grazie al loro lavoro e alla loro industriosità, le faccende economiche devono essere andate piuttosto bene, dal momento che all'atto dell'acquisto della casa con terreno agricolo in Gambettola, Giuseppe figura non solo "contadino e possidente" in Balignano, ma soprattutto in grado di, dal 1853 al 1856, disporre di ben 1.400 scudi per l'acquisto in "un predio rustico con casa"».

Il rogito avviene davanti a Luigi Ferri, «notaro» cesenate, e il pagamento della casa è diviso in quattro rate di 400, 500, 108 e 392 scudi, con pagamenti che vanno dal 31 maggio 1853 al 21 giugno 1856.

Dallo stato delle anime della parrocchia di Gambettola del 1887 risulta che nella casa abitarono due nuclei famigliari ben distinti: nel primo Giuseppe Fellini, vedovo, con il figlio Lazzaro, pure vedovo, Rosa Poni (figlia della prima moglie di Lazzaro) e Angela Fellini (figlia di Lazzaro); nel secondo Luigi con la moglie Maria Francesca Saveria Lombardini e la loro primogenita Agostina. Dall'unione di Luigi e Maria Francesca nascono sette figli, tra cui, nel 1894, Giuseppe Urbano, padre del futuro regista.

Nel suo volume *Federico Fellini, mio cugino*, il ricordato Ezio Lorenzini ha descritto l'abitazione in questi termini: «La casa, situata sul lato sinistro della strada verso il torrente Rigossa, è tuttora esistente, anche se disabitata. All'esterno si presenta come ai tempi in cui vi abitava la famiglia Fellini. È una casa a due piani in stile ultimo Ottocento. Sul davanti si trovano due alberi ad alto fusto alla cui ombra erano soliti riunirsi i famigliari e i parenti per trovare un po' di frescura nei mesi estivi. Sul retro si trovano due grandi fichi che coprono in gran parte il deposito per gli attrezzi agricoli, oltre il quale si estendono i campi fino al torrente».

Nel 1919 Urbano e la moglie Ida Barbiani si trasferirono a Rimini pochi mesi prima che nella casa di via Dardanelli 10 nascesse Federico (20 gennaio 1920), concepito quindi proprio a Gambettola. L'anagrafe registra la nascita riminese del bambino come «occasionale». Ha osservato Riva: «Non potendo gli abitanti di Gambettola vantarsi di aver dato i natali al celebre regista, nulla vieta loro di coltivare l'orgoglio di come il concepimento di Federico sia avvenuto fra le mura domestiche della casa di via Sopra Rigossa e di come gran parte della gestazione precedente il parto abbia respirato aria gambettolese».

Secondo le ricostruzioni, tra il 1925 e il 1929 Federico trascorse le ultime estati nella casa dei nonni paterni. Sarebbe tornato in paese solo molto tempo dopo, nel 1960, l'anno del grande successo di *La dolce vita* in occasione del funerale dello zio Federico Bellagamba, marito di Agostina, sorella primogenita di Urbano, e un'ultima volta nel 1990, alla morte della cugina Elsa. E se, meno di dieci anni dopo, Becchetti lamentava che i legami col regista sembravano pressoché recisi, nel 2005 Gambettola si apprestava a rinsaldarli acquistandola e dando il via al restauro.

Un museo-laboratorio

Nel corso degli anni l'amministrazione gambettolese non ha dimenticato la volontà del sindaco Zoffoli e di Francesca Fabbri, nipote di Federico, di valorizzare un luogo in grado di custodire e attivare ricordi condivisi. Più recentemente, il sindaco Letizia Bisacchi è tornata a parlare di «sogno felliniano» di Gambettola, annunciando la decisione di fare dello stabile dei nonni Fellini un vero e proprio centro culturale che fosse sia museo sia luogo di ritrovo e produzione artistica.

In vista del restauro e dell'apertura al pubblico dell'edificio, il Comune ha commissionato nel 2018 uno studio di fattibilità tecnica ed economica le cui conclusioni sono state incoraggianti: «Lo sviluppo per fasi rappresenta [...] la chiave di volta che aiuta l'intero processo a garantirsi una sostenibilità economica. L'idea infatti è di rigenerare l'intera area partendo dagli interventi meno onerosi iniziando da subito a generare profitti a fronte di un investimento minimo proseguendo quindi per step con interventi sempre più importanti accompagnati da altrettanti sempre più ingenti entrate. Questo atteggiamento apre le porte ad una nuova concezione della rigenerazione urbana e sociale di un'area che affronta la complessità di uno spazio e prova a leggerlo in un costante e continuo *work in progress* più che con un progetto rigido, statico e fisso».

Rigenerare casa Fellini diventava insomma «come il principio della talea in botanica, ovvero la possibilità di far rinascere una nuova pianta da un ramoscello di una pianta esistente: ripartire da un frammento di autenticità di questo luogo per far nascere una nuova vita».

Nella consapevolezza che la piccola realtà di Gambettola era destinata a perdere di fronte a Rimini o alla Roma felliniane, è prevalsa l'idea che il piccolo paese romagnolo avesse un posto specifico in quella che Oscar Iarussi ha chiamato «geografia sperimentale specifica» del regista. Nella convinzione, del resto, che quell'eredità dovesse sì guardare a sé stessa come patrimonio culturale da conservare attraverso una casa d'autore intesa in senso museale, ma anche e soprattutto come luogo di produzione di nuova cultura: di intrattenimento e incontro di artisti e arti diverse, con particolare riguardo a quelle visive e circensi, in linea dunque con l'eredità di Federico e il suo immaginario.

L'edificio, restaurato con il supporto della Regione Emilia-Romagna su un progetto dello studio di architettura InternoUndici per un importo complessivo di 429.000 euro nel rispetto della tradizione rurale romagnola e restituito alla cittadinanza il 6 settembre 2022, vuole dunque presentarsi anche come bottega di mestieri, con spazi di lavoro e convivialità e stanze per soggiorni residenziali di artisti del cinema, del teatro e del circo. Nel primo piano è stato allestito uno spazio per incontri, un refettorio e sono stati ricavati laboratori utili per tutte le professioni legate a tutte le forme espressive amate dal regista riminese. Il quale, in ultima istanza, ha guidato il processo decisionale con la sua immagine di bambino che sogna il futuro e intanto gioca col presente.

Vero e proprio *unicum* nel panorama residenziale italiano, Casa Fellini è oggi residenza per artisti gestita da tre associazioni culturali (Caracò, Ventottoluglio e Sputnik Cinematografica), ospita attività, studenti e artisti, oltre agli eventi che si svolgono nello *chapiteau* circense allestito nella pertinenza esterna e un festival estivo del cinema che guarda con sicurezza all'eredità di Federico.

Di recente Casa Fellini è entrata ufficialmente tra le «Case e studi degli illustri» riconosciute dalla Legge 2/2022 della Regione Emilia-Romagna.

1 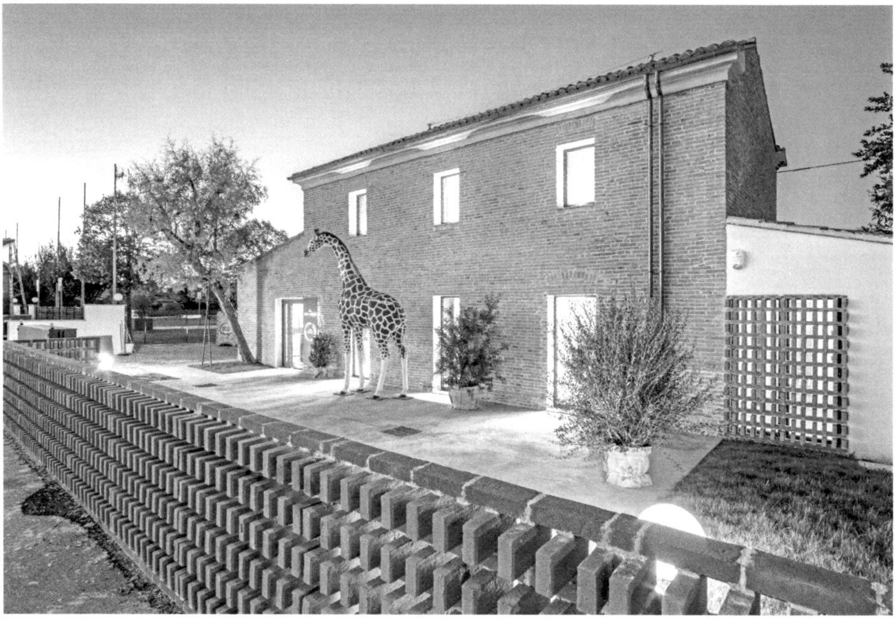

2 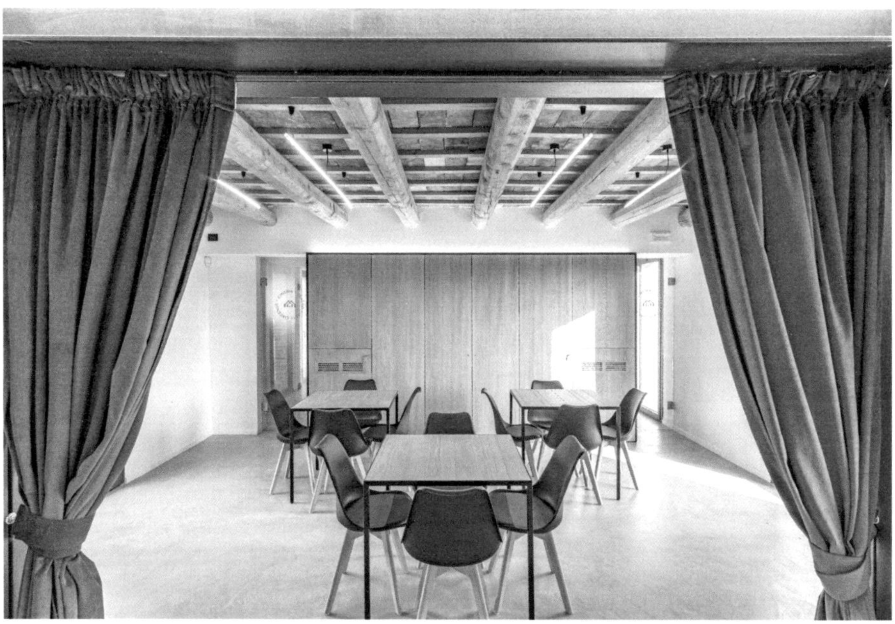

Fig. 1. Esterno della casa al crepuscolo. Fig. 2. Ambiente della zona giorno.

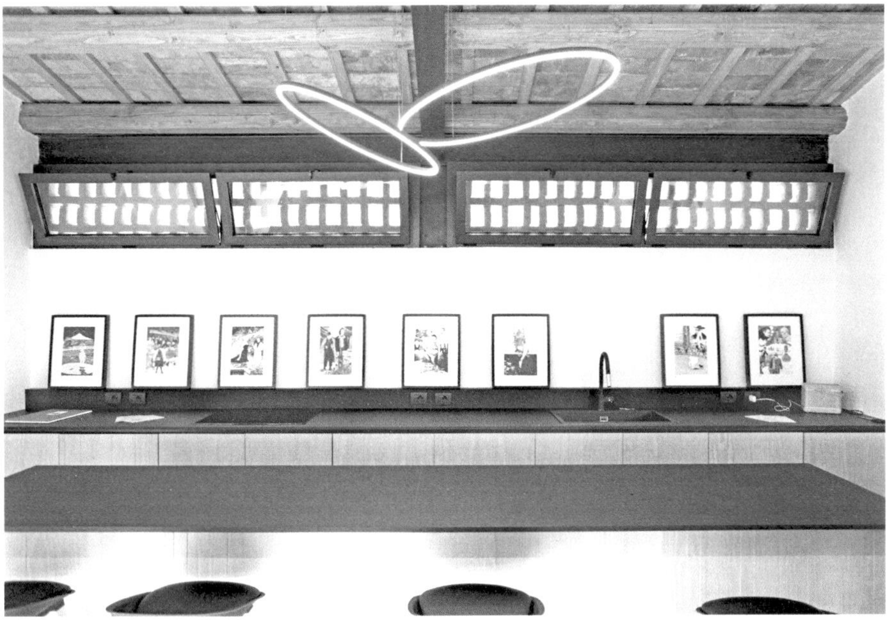

3

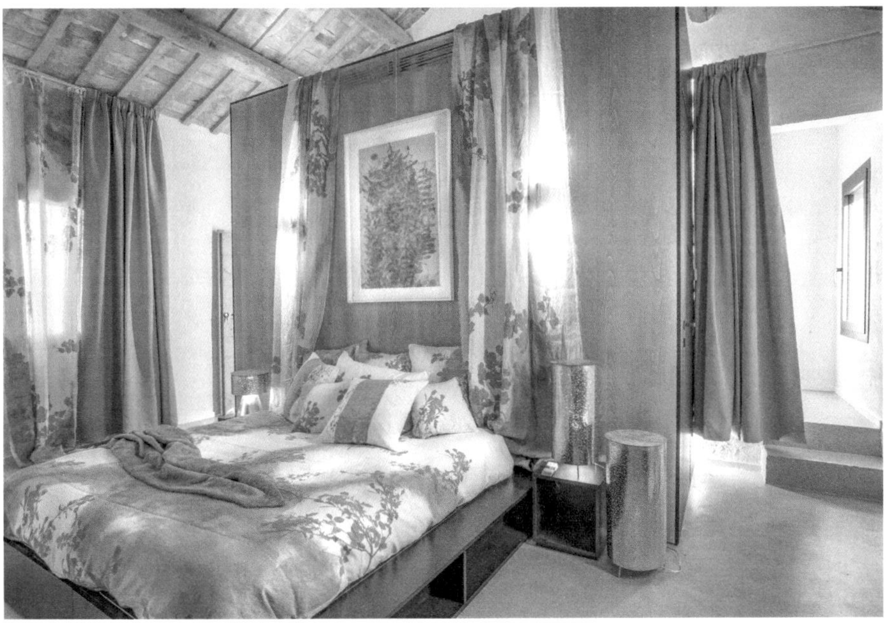

4

Fig. 3. Lo spazio della cucina. Fig. 4. Ambiente della zona notte.

Centro Studi e Casa Museo Osvaldo Licini (Monte Vidon Corrado)

Stefano Bracalente

«ANCORA VIVI, SU QUESTO COCUZZOLO, DA DOVE OGNI SERA VEDIAMO CALARE IL SOLE»

Nella piena natura il conforto della solitudine

Nel cuore del borgo antico di Monte Vidon Corrado, in cima a un colle dove l'orizzonte è basso e il cielo si dilata sempre più ampio verso l'alto, sorge la Casa Museo Osvaldo Licini. Qui l'artista, Premio internazionale per la pittura alla Biennale di Venezia del 1958, ha trascorso quasi tutta la sua esistenza in una solitudine tanto voluta quanto necessaria, consentendo davvero a pochi di varcare l'intimità delle mura domestiche, del suo studio in particolare. Quel «feroce» isolamento gli ha però garantito l'indipendenza da ogni movimento, gruppo o tendenza artistica, al riparo dall'effimera gloria delle mode.

Genius loci, Licini ha lasciato traccia indelebile di sé facendo del paese natale un avanguardistico nido e della casa il suo «Laboratorio d'arte sperimentale». Qui è nato, affidato presto alle cure del nonno paterno, e qui ha scelto di tornare stabilmente dopo gli anni di formazione nelle Accademie di Belle Arti di Bologna e Firenze – prima della Grande Guerra – e poi nella Parigi di tutte le avanguardie. Nel 1917 vi aveva conosciuto Modigliani, Cocteau, Picasso, Erik Satie tra gli altri, facendo anche la spola tra la Francia e le Marche per alcuni anni, fin quando – era il 1926 – decide di rientrare a Monte Vidon Corrado, definitivamente. Nella casa natale è tornato con la pittrice svedese Nanny Hellström, conosciuta l'anno prima a Parigi e diventata sua moglie a Monte Vidon Corrado. Insieme hanno scelto di lasciare la *ville lumière*, di condividere una vita ritirata e certo meno scintillante nelle ristrettezze della campagna marchigiana. Ed è lì che avrebbero vissuto per il resto della loro vita, allontanandosene poco, salvo i soggiorni estivi verso la Francia e il nord Europa che di anno in anno si sono concessi.

Parigi era per Licini straordinaria, un «capolavoro» di città, ma aveva pure còlto la malinconia della sua «insulsa e inutile vita tumultuosa», come scrive in una lettera del 1925. Dieci anni dopo, di ritorno dalla Francia, avrebbe confessato che una tremenda, acuta nevrastenia l'aveva divorato tutto il tempo che era stato a Parigi, togliendogli ogni volontà di scrivere e di lavorare: «Ma sono salvo. Il conforto della solitudine e la piena natura, a M. Vidon Corrado (sono venti giorni che sono ritornato), mi hanno completamente rimesso, mi sento fisicamente forte, guarito (dormo), insomma – aveva aggiunto – sono ritornato a essere [...] quel boia di astrattista pericoloso a sé e agli altri».

Ai suoi occhi di *artista* Parigi restava l'impareggiabile capitale delle arti, la centrale mondiale di ogni modernità, ma l'*uomo*-Licini aveva bisogno d'altro. «Voleva sempre che io andassi a Montevidon [sic] Corrado, di cui esaltava la magnificenza – ha ricordato Carlo Belli, teorico dell'astrattismo italiano – Me ne guardavo bene. Amavo la città, e Roma soprattutto, detestando i paesetti di montagna. Che facesse lassù, con una moglie svedese, non riuscivo a capirlo. Una volta che glielo scrissi mi rispose con insolenza estrema». Proprio il silenzio e la semplicità arcaica di quei «paesetti di montagna», la dimensione atemporale di un mondo prossimo alle radici dell'essere e il miracolo inesausto della natura erano necessari a Licini per lenire l'«acuta nevrastenia» che lo coglieva lontano da Monte Vidon Corrado e dal paesaggio circostante, al quale ha sempre rivolto lo sguardo romantico di chi «contempla l'infinito di Dio e della natura». A testimoniarlo è stato Luigi Dania, critico e storico dell'arte, allievo di Kokoschka e docente all'Accademia di Belle Arti di Macerata, che tra il 1947 e il 1958 ha frequentato assiduamente Licini e la sua casa, ricordando in seguito che se questi aveva scelto Monte Vidon Corrado era perché qui poteva ancora ascoltare i grilli cantare. Non era una *boutade*.

Licini ha amato profondamente la sua terra, fare «l'ebreo errante» tra l'Adriatico e i Sibillini, vagabondare per la campagna marchigiana mirando in lontananza il Gran Sasso, la vetta del Monte Sibilla e Faleria antica, i paesi di collina e la regione sibillina dai toponimi infernali (Montemonaco – il *mons dimonico* – Pizzo del Diavolo, la gola dell'Infernaccio), un tempo terra d'elezione del Libero Spirito – con l'eresia erotica degli Spirituali – e *locus perditionis* della Sibilla, la maliarda sacerdotessa medievale cui Licini si era ispirato in una lirica del 1932. Era lei, secondo la leggenda popolare, la regina di un paradiso confinato nel ventre dell'omonimo monte, meta di alchimisti, maghi, viandanti e cavalieri erranti disposti a raggiungerne la cima, varcare l'antro della Sibilla e discenderne le profondità in cerca di responsi, di piaceri, di lussuria ed eterna giovinezza, irretiti e per questo per sempre dannati.

Erano richiami di grandissima fascinazione per l'«errante erotico eretico» Licini, poi pittore di Angeli ribelli, di Amalassunte e di altre figure della mediazione tra terra e cielo – bene e male, elevazione e caduta – come senz'altro sono stati anche i Monti Azzurri in lontananza, passaggio verso l'altrove e soglia tra due mondi secondo il *tòpos* della montagna.

Nella campagna marchigiana, la comunione con l'infinito

Con quel paesaggio Licini ha intrattenuto un dialogo incessante per l'intera stagione di una vita, disponendo persino che la propria camera ardente fosse rivolta verso i Sibillini. Di quel paesaggio ha catturato scorci suggestivi scrutando dalle finestre di casa o durante la quotidiana «murata», la passeggiata intorno alle mura del borgo. Il lavoro *en plein air* lo ha poi posto in un «rapporto di astrazione con la natura», come ha osservato Zeno Birolli; ed è a forza di astrarre che Licini ha intuito del paesaggio la sua essenza, le forze vitali che senza sosta trasformano la natura, il divenire incessante della metamorfosi.

Interessato a cogliere una somiglianza più profonda con la natura – non a imitarla – Licini ricercava la sintesi, tracciava segni rapidi, essenziali, veri «virgulti di forza». Voleva penetrare le apparenze sensibili del reale per esprimere qualcosa della lotta per la vita, il pulsare delle energie sotterranee, quelle sideree del cielo. Che fossero paesaggi, nudi, marine o nature morte, Licini ha realizzato sulla tela degli aggregati di energia negli anni Venti, e tali saranno ancora le geometrie astratte del decennio successivo, sempre in tensione dinamica, «forze rettilinee elementari che si sprigionano dal basso e si trasfigurano entrando nel cielo astratto», come lui stesso ha descritto le sue Archipitture, figure della mediazione anch'esse, tra ragione e sentimento e dinamiche dell'alto-basso.

Nel silenzio della casa di Monte Vidon Corrado, si era vòlto all'astrattismo rielaborando le suggestioni di viaggio, le intense letture, gli incontri, i rapporti epistolari con intellettuali e artisti, ma sempre tenendo d'occhio il paesaggio: «Da due mesi che siamo ritornati non ci siamo più mossi dal paese. Adesso guardiamo dalle finestre crescere la primavera e i cambiamenti rapidi del cielo e dei verdi, e ci divertiamo come a teatro. Io poi sto maturando una mia idea, che ho e che dovrebbe concretarsi in un quadro: *Il mio sole* ma che non ha niente a che fare né col sole né con la primavera», si legge in una lettera del 1932. L'anno precedente, quando già maturava l'idea di sperimentare le potenzialità poetiche della geometria astratta, aveva scritto: «È da un mese che guardo trasognato il cielo e la terra. Mi sembra di essere piombato come in un limbo eterno. Sono i sintomi di una crisi, dalla quale spero di uscire ringiovanito». Ne sarebbe uscito pittore astratto, al cospetto di quel paesaggio, senza soluzione di continuità con la precedente fase figurativa.

Fare tappa a Monte Vidon Corrado è per questo imprescindibile. Chi oggi si avventura nei luoghi battuti un tempo da Licini, scopre una campagna meravigliosamente in bilico. Alcuni di essi sono pressoché immutati da allora: portano i nomi di contrada Rota, colle di San Liberato, contrada Larciano, spazi in cui non giunge la distrazione del rumore e il silenzio è rotto soltanto dal vagheggiare lontano delle tenui sonorità della campagna. Sono luoghi di una solitudine niente affatto tormentata, anzi colma di rasserenati silenzi, animata da un sentimento che oggi come ieri è comunione con l'infinito.

Una leggera vertigine sorprende, ad esempio, chi percorre per la prima volta la ripida discesa di contrada Larciano, tanto è inaspettato il vuoto della vallata che si apre verso Massa Fermana, paese protagonista di una straordinaria serie di paesaggi in cui è evidente lo studio attento degli impressionisti, di Cézanne in particolare, da parte di Licini. Adagiato su un colle, il borgo di Massa Fermana pende vistosamente verso destra, quasi sul punto di scivolare; e così è pure per Falerone, incorniciato dalle finestre della Casa Museo e più volte dipinto dall'artista in paesaggi tellurici, dove la terra sembra franare e i contadini rotolare via, ma senza alcuna tragedia. Tutto pende nel paesaggio intorno a Monte Vidon Corrado; pure le solitarie case di campagna o le boscaglie dipinte in cima a una ripida collina sono lì, nei luoghi di Licini, in procinto di slittare o dondolare dolcemente tra i seni delle colline, in seguito diventate il corpo erotico della luna-Amalassunta. Ma quel che soprattutto si riconosce – scendendo nella campagna ai piedi di Monte Vidon Corrado e risalendo poi in paese – sono le grandiose diagonali con le quali Licini ha sintetizzato i pendii delle colline in diversi suoi paesaggi. Impossibile non notarle sorprendendo Falerone da contrada Larciano oppure spiando Monte Vidon Corrado dal colle di San Liberato. Da quegli avamposti di aperta campagna, il primo piano è sempre dominato da un declivio ardito che fende il campo visivo. In alcuni casi Licini ha promosso quell'orizzonte inclinato a protagonista pressoché esclusivo dei suoi paesaggi, facendone il preludio delle prime geometrie astratte – un equilibrio precario di linee inclinate e intersezioni, di diagonali e triangoli in bilico lungo una direttrice obliqua – attraverso le quali l'artista ha reso poetica la geometria della retta e del punto, che dell'infinito sono l'allusione: entrambi incommensurabili.

In altri paesaggi del periodo figurativo, invece, drastici ritocchi hanno catalizzato l'attenzione, circa due decenni dopo, sulla linea dell'orizzonte o sul profilo di una collina in primo piano, come è in *Paesaggio* oggi esposto nel soggiorno della Casa Museo, vicino a *Ritratto della madre* e accanto a una finestra che si apre sullo spettacolo del paesaggio – *terra mater* di Licini –, «regione delle madri» in cui l'artista sentiva d'essere disceso nei primi anni Quaranta quando ritoccava i paesaggi d'un tempo e di Amalassunta avrebbe fatto, di lì a poco, il simbolo di una dimensione ctonia, archetipo della grande madre primordiale.

Nei cieli della fantasia, verso lo sconfinato e il soprannaturale

Di stagione in stagione Licini ha legato incessantemente l'ispirazione poetico-artistica al fascino dei suoi luoghi, nei quali sentiva spirare un'aria leopardiana: «Recanati Lendinara Monte Vidon Corrado sono forse una stessa cosa?», si chiedeva nel 1954 dopo una visita all'amico e critico d'arte Giuseppe Marchiori. Nelle stanze della sua casa di Lendinara, vicino Rovigo, e per le vie d'intorno, Licini aveva avvertito la stessa atmosfera di Recanati, la medesima che aleggiava a Monte Vidon Corrado. «Dal natio borgo selvaggio – ha scritto dunque Marchiori – il panorama era vasto sia verso l'Adriatico, sia verso i Monti Sibillini e le vette più lontane dell'Appennino marchigiano, ma in quella vastità di profili successivi e di orizzonti sfumati, l'assillo del vero andava smorzandosi nel suo spirito, per lasciare il posto all'idea di un luogo irreale, che potesse contenere le figure simboliche dei suoi sogni e delle sue passioni di uomo e di artista romantico».

Quando i cannoni rumoreggiavano poco lontano e il cielo notturno era percorso dai raggi traccianti, neanche Monte Vidon Corrado, in piena retrovia, era più un rimedio certo per la cura dei nervi. «Ancora vivi», abbarbicati sul «cocuzzolo» del paese, Licini e Nanny vedevano ogni sera «calare il sole»: lo confidava nel 1944 l'artista, che in quegli anni di guerra – con lo sguardo ancora rivolto al paesaggio – vedeva ormai nella natura la «bella irrealtà» dei suoi personaggi fantastici, volandosene via dalla pura geometria per lasciare che un vento di follia lo sollevasse nei cieli della fantasia, al di sopra della tragedia del mondo, verso lo sconfinato e il sovrannaturale. È stata la sua ultima illusione. La più visionaria. La decisiva.

Quei personaggi – Olandesi volanti, Amalassunte e Angeli ribelli, Missili lunari e gli ultimi Angeli aquilone – lo hanno consacrato tra i grandi del Novecento alla Biennale veneziana del 1958. Emblemi di bipolarità, di un surrealismo *sui generis*, sono figure erratiche che percorrono inquiete le infinite profondità dei cieli sopra una bassa striscia di terra in cui si riconosce ancora, per quanto trasfigurato in chiave cosmico-primordiale, il profilo dei colli e dei monti tanto a lungo osservati.

L'aspirazione all'elevazione, il volo, ma pure lo sprofondamento e il tentar di nuovo la scalata al cielo; la sfida impossibile lanciata all'infinito – che sempre sfugge e per sempre attrae – e poi l'incertezza di una condizione umana in bilico tra l'ascesa e la caduta, tra il vizio e la virtù, sono stati i tratti di una visione del mondo nutritasi di tanta poesia, di filosofia, arte e musica sotto l'egida di una musa nient'affatto inquietante, il paesaggio marchigiano, che con la Casa Museo di Monte Vidon Corrado resta un punto di partenza ineludibile per chiunque voglia avvicinare la pittura di Osvaldo Licini, coglierne la dimensione interiore di uomo e d'artista, il connubio affascinante di arte e vita.

Nella Casa Museo una «scalata al cielo»

La Casa Museo Osvaldo Licini è una dimora padronale settecentesca, su tre livelli, inaugurata nel dicembre del 2013 a seguito di un complesso restauro strutturale che l'ha restituita al pubblico dopo decenni di inaccessibilità e progressivo deterioramento, consentendo oggi ai visitatori di immergersi nell'atmosfera di una casa tanto a lungo e intensamente vissuta.

Il recupero dell'immobile è stato possibile grazie all'acquisto della proprietà da parte del Comune di Monte Vidon Corrado e ai contributi della Regione Marche e della Provincia di Fermo. Fondamentale è stata la collaborazione della figlia adottiva di Nanny, Caterina Celi-Hellström, che oltre ad acconsentire all'acquisto della casa ha permesso di riallestirne gli spazi interni, donando il mobilio originale, gli oggetti d'uso quotidiano, le suppellettili e gli abiti, unitamente a una ricca collezione di carte e disegni oggi collocata in esposizione permanente presso il vicino Centro Studi. Attivo fin dal 1986, il Centro Studi costituisce oggi un polo museale insieme alla Casa Museo, ospitando mostre dedicate a Osvaldo Licini e a maestri del Novecento, ad artisti affermati e giovani emergenti, in collaborazione con Musei, Accademie, Fondazioni, Università e Gallerie, nazionali e internazionali.

Attraverso la collezione dei disegni, il visitatore può seguire il processo ideativo di Licini lungo l'intero suo percorso artistico, mentre la Casa Museo offre l'opportunità di ammirare anche alcuni dei suoi dipinti. Il nucleo originario della collezione pittorica si è costituito con l'acquisizione di due olii: i già citati *Ritratto della madre*, del 1921, e *Paesaggio* del 1925 circa con importanti ritocchi successivi. Donati nel 2015 dagli eredi Lorenzo Licini e Silvia Poli Licini – nipote e nuora dell'artista – sono oggi esposti nel soggiorno della casa insieme a *Ritratto di Nanny*, di collezione privata.

Nel tempo, infatti, la collezione della Casa Museo si è arricchita grazie alla preziosa collaborazione del collezionismo privato, disponibile a mantenere anche stabilmente in mostra opere significative del Maestro, come il succitato *Ritratto di Nanny* o i cinque dipinti collocati nella sala intitolata alla memoria del collezionista sangiorgese Fausto Paci: si tratta di un Personaggio e due Amalassunte – presenti nelle più importanti mostre antologiche sull'artista – e di due lavori del periodo figurativo, *Pastorello* e *Ritratto di Ave*.

Le proficue relazioni intessute negli anni con le collezioni private del territorio permettono altresì di proporre ciclicamente al pubblico, in esposizioni temporanee, altre significative opere di Licini che, tornando nel luogo della creazione in tempi e occasioni differenti, rendono più varia e vivace l'offerta culturale della Casa Museo. Qui si conservano, inoltre, gli unici due esemplari di pittura murale realizzati dall'artista: una suggestiva Archipittura dai colori costruttivisti, sulla parete della camera dove è addossato il letto matrimoniale di Osvaldo e Nanny, e un cielo percorso da singolari scie cosmiche, dipinto sulla volta della scala interna che dà accesso alle camere della zona notte.

Risalendo dalla cantina del seminterrato – dove Licini preparava i colori e teneva riunioni di natura politica, oggi trasformato in spazio espositivo – la scala interna conduce prima al piano terra, nell'atrio d'ingresso della casa su cui si affaccia la «Galleria», la lunga stanza – oggi sala «Fausto Paci» – in cui Licini conservava le opere e poteva osservarle da lontano. Dall'atrio d'ingresso un breve corridoio porta alla piccola ma funzionale cucina, dall'atmosfera intima e raccolta, e poi al grande, luminoso soggiorno con i mobili di provenienza svedese e le finestre aperte sul panorama circostante, lo stesso che si gode dalle due camere da letto al piano superiore: la stanza di Osvaldo e Nanny e quella di Caterina. In quest'ultima sono esposti alcuni dipinti e prove giovanili di Nanny, della quale parlano anche molti oggetti di gusto nordico presenti in tutta la casa, oltre alle sue foto appese alle pareti. Razionalista è il design della lunga specchiera del bagno, sempre nella zona notte; modernissimo è pure il minimalismo del letto nuziale, sulla sponda del quale sono disposti i tradizionali cavallini Dala di Nanny mentre, appoggiati al muro, restano i bastoni di Osvaldo. Dirimpetto alla camera matrimoniale, è lo studio dell'artista con gli strumenti del mestiere a farne percepire ancora la presenza: cavalletti, colori e pennelli, gessetti e inchiostri, triangoli di cartoncino ritagliati in vista di dipinti e collage, righe e squadre appese al muro, il letto per far riposare la gamba offesa nella Grande Guerra, la scrivania incrostata di colore, le tracce delle pennellate ancora in evidenza sul davanzale della finestra.

Proseguendo l'ideale «scalata al cielo» dalla cantina alle stanze della zona notte – dalle viscere della terra agli spazi siderali si direbbe – si giunge infine alla soffitta, cui si accede solo attraverso una botola e una ripida scala di legno interdetta però al pubblico. Di qui Licini raggiungeva il piccolo terrazzino ricavato in cima al tetto, dove contemplava il paesaggio, il silenzio cosmico, le oscure profondità del cielo punteggiato di stelle e rischiarato dal pallore argenteo della luna-Amalassunta, la luna leopardiana «amica di ogni cuore un poco stanco» (nella definizione che Licini ne ha dato).

Uno scatto fotografico degli anni Cinquanta lo immortala proprio lassù, disteso sul parapetto del terrazzino, appoggiato a un gomito e con lo sguardo fisso nell'obiettivo. Alle sue spalle l'orizzonte di terra, basso, si fa largo a fatica sullo sfondo – un po' vago, indefinito – correndo alla stessa altezza del tetto, al di sopra del quale svetta un grande olmo, con le radici antiche affondate nella terra e i rami protesi in alto nella vastità del cielo, come del resto è stato Licini: ben radicato alla sua terra, libero però di sfuggire al provincialismo e di conquistare le altezze dello spirito, quelle del cuore e di una creatività originale, di respiro internazionale.

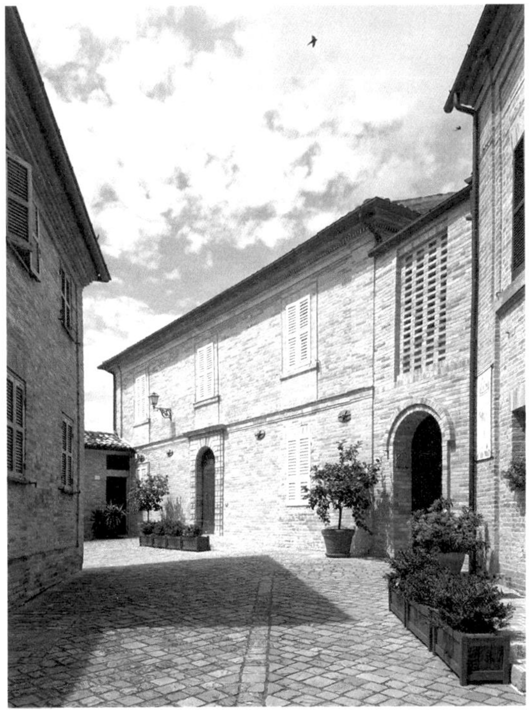

1

Fig. 1. Casa Licini, esterno.
Fig. 2. Il soggiorno.

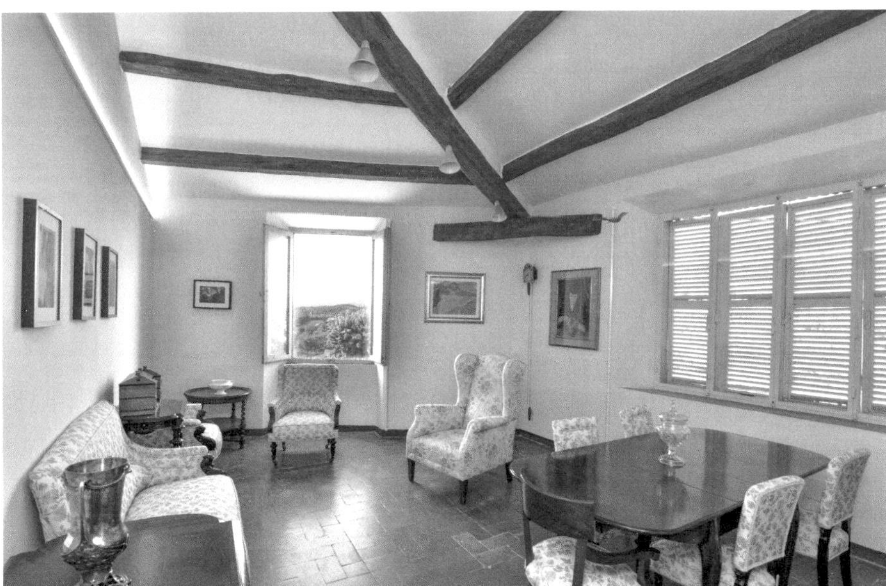

2

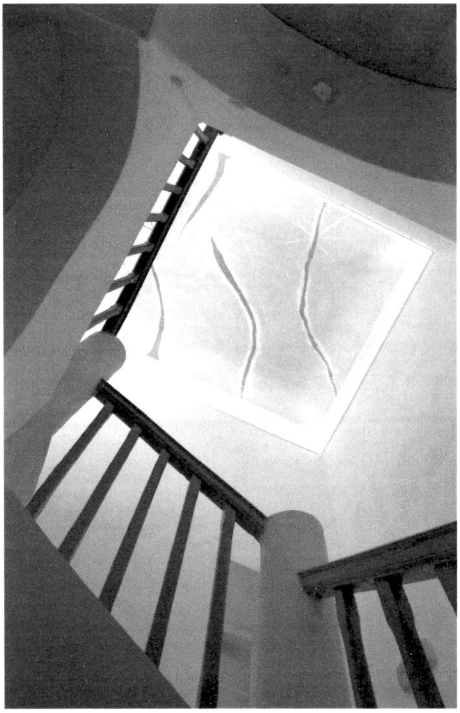

3

Fig. 3. Casa Licini, decorazione della volta nel vano scala.
Fig. 4. L'interno della cantina.

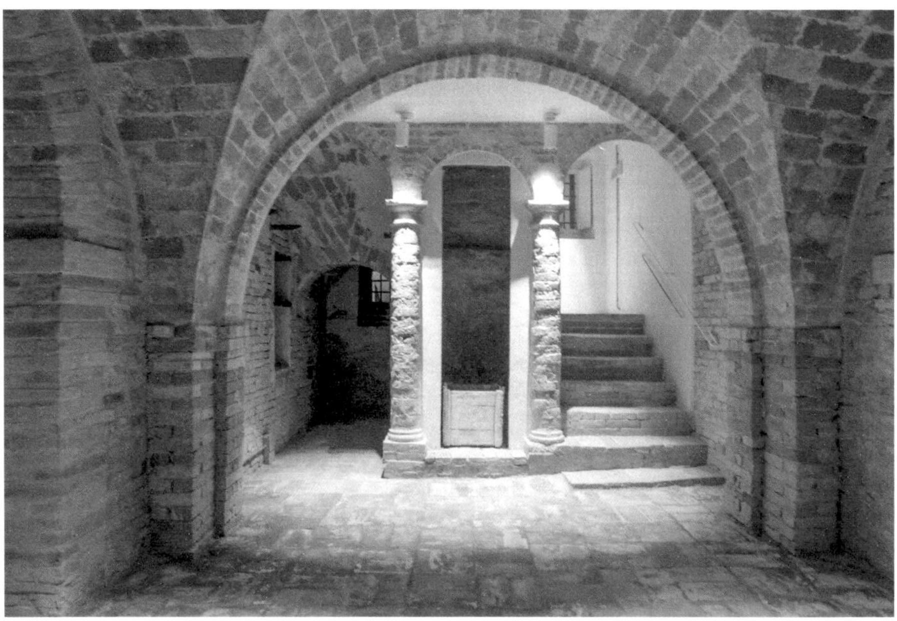

4

Casa natale di Francesco Paolo Michetti (Tocco da Casauria)

ANDREA LOMBARDINILO

PRIMA DEL NON-LUOGO: LA POETICA DELLO SPAZIO DI FRANCESCO PAOLO MICHETTI

Ogni dottrina dell'immaginario
è obbligatoriamente una filosofia dell'eccesso.
Ogni immagine ha un destino di ingrandimento
GASTON BACHELARD, *La poetica dello spazio*

LA POETICA DELLO SPAZIO DEL *LOCUS NATALIS*

Le dimore di artisti o scrittori, più in genere dei grandi intellettuali, sono spesso lo scrigno di emozioni vissute e cristallizzate nello spazio, sedimentatesi per mezzo degli oggetti, degli ambienti, dei colori, delle perimetrazioni in cui la creazione prende forma e si consegna ai posteri. Una riflessione tanto più valida per la casa natale dei grandi artisti, spesso musei nazionali in ideale prossimità con le residenze acquisite nel corso di una vita, adibite sovente a laboratorio, studio, atelier. Si pensi a Francesco Petrarca e all'asse Arezzo-Arquà; a Giovanni Pascoli, sospeso tra la Romagna e la Garfagnana; a Giacomo Leopardi in fuga da Recanati e approdato negli ultimi anni ai piedi del Vesuvio. E si prenda il caso del Vittoriale degli Italiani e della casa natale di Gabriele d'Annunzio, ospite in gioventù dell'amico pittore Francesco Paolo Michetti, il "Cenobiarca" di Francavilla al Mare nato a Tocco da Casauria, pittoresco borgo del pescarese con vista sulla via Tiburtina e sulla Maiella, immortalata nel capolavoro della *Figlia di Iorio*.

La casa natale di ogni artista può costituire il contraltare concettuale del non luogo di Marc Augè, una sorta di baluardo identitario, culturale ed estetico nell'era della globalizzazione e della *platformization* delle esperienze relazionali. Il mito del nido eternato da Giovanni Pascoli si carica di ascendenze culturali ed esperienziali, senza trascurare l'importanza che lo spazio affettivo e formativo riveste nel processo di crescita di ogni artista. Sono spazi dell'immaginario che si nutrono di evocazioni ed evanescenze intellettuali, spesso scolastiche, ma che sprigionano una straordinaria alchimia creativa, come nel caso della casa londinese in cui Charles Dickens ha scritto parte dei suoi romanzi, o della residenza, sempre londinese, di William Morris, trasformata in fucina artistica. Sono luoghi in cui la poetica dello spazio descritta da Gaston Bachelard (anche in riferimento a d'Annunzio) acquista una valenza gnoseologica preminente, sulla scorta di una metafora molto nota: "Il nido, come ogni immagine di riposo, di tranquillità, si associa immediatamente all'immagine della casa semplice. Dall'immagine del nido all'immagine della casa o viceversa, i passaggi non possono che avvenire sotto il segno della *semplicità*" (BACHELARD, 127).

La semplicità è un tratto distintivo della condotta di vita e della stessa dimensione abitativa di Francesco Paolo Michetti, che dopo aver lasciato la casa natale di Tocco da Casauria, chiusa ancora oggi per restauri, individuò nel Convento di Santa Maria Maggiore di Francavilla al Mare il proprio *buen retiro*, adatto per installare le attività del leggendario Cenacolo. Il giovane d'Annunzio ne fu sodale assiduo, così legato ai luoghi e all'insegnamento di Michetti, da scegliere il Convento come luogo di isolamento ideale per scrivere i suoi primi romanzi, *Il piacere*, *L'innocente*, *Il trionfo della morte*. «Questo libro, composto nella tua casa dall'ospite bene accetto, viene a te come un rendimento di grazie, come un ex-voto». L'incipit della lettera dedicatoria de *Il piacere*, scritto a Francavilla al Mare tra il 1888 e il 1889, non è solo l'omaggio e il tributo alla generosità del padrone di casa verso l'amico poeta in fuga da Roma, ma anche il riconoscimento della magia del Convento, acquistato da Michetti nel 1885, rilevando l'allora Convento di Santa Maria del Gesù, edificato dai frati minori francescani nel 1430 in prossimità dell'abitato di Francavilla al Mare.

Michetti scelse Francavilla dopo il lungo soggiorno napoletano e il conseguimento del diploma all'Accademia di Belle Arti. Napoli divenne la sua città adottiva in seguito all'allontanamento da Tocco da Casauria e dalla sua famiglia. La casa natale, sita nel centro storico del paese, reca l'epigrafe che ne ricorda i natali: «NATO / IN QUESTA UMILE CASA / FRANCESCO PAOLO MICHETTI / DEL COLORE FECE SPLENDORE D'ARTE / RICONFERMANDO AL MONDO / LA GLORIA DELLA PITTURA ITALIANA / 24 SETTEMBRE 1950 / A CURA DEL COMUNE DI TOCCO DA CASAURIA».

Da Tocco a Francavilla: la missione del Cenacolo

Sobria ed elegante struttura di tre piani, di color rosso scarlatto, la casa natale del pittore diventa museo nel 1954, allorquando vi furono esposte alcune opere acquistate a una mostra e poi confluite in collezioni private. Per l'occasione furono ricostruite la cucina e lo studio del padre. Alla cerimonia di inaugurazione parteciparono consiglieri della Regione Abruzzo e della Provincia di Pescara, alla presenza del segretario generale della Quadriennale d'arte di Roma, Ferdinando Fortunato Bellonzi, incaricato di svolgere la prolusione celebrativa. Il 27 marzo 1955 vi fu posto il busto realizzato da Nicola D'Antino, autore della statua bronzea che ancora oggi svetta davanti al Convento di Francavilla al Mare. È soltanto uno dei punti di tangenza tra le due residenze michettiane, lontane ma così vicine sul piano biografico, emotivo e creativo. Non va infatti trascurato che da bambino Michetti lavorava come apprendista nella bottega di un fabbro, seguendo le orme dell'insegnamento paterno. L'incanto venne meno in seguito alla morte prematura del padre, Crispino, direttore della banda musicale del paese, cui seguirono le seconde nozze della madre, Aurelia Terzini, e il trasferimento a Chieti.

La ricerca di un laboratorio permanente, di un atelier in cui installare la propria arte e i propri utensili, lo portarono a Francavilla, dove la famiglia possedeva un'abitazione. Il Convento diventerà in breve tempo il Cenacolo, il luogo di ritrovo delle migliori intelligenze abruzzesi dell'epoca, con una proiezione intellettuale nazionale e, perché no, europea. Il mito della fusione delle arti, la sinergia tra linguaggi e codici estetici diversi, l'attenzione posta alla sperimentazione e all'innovazione, sono tutti aspetti che fanno del Cenacolo michettiano un esperimento quasi leggendario, con il giovane d'Annunzio protagonista assoluto, attento a recepire le influenze cromatiche, luministiche, musicali e poietiche di Francesco Paolo Michetti, Francesco Paolo Tosti, Costantino Barbella, Guido Boggiani, Carmelo Errico, Matilde Serao, Edoardo Scarfoglio, Guido Boggiani, Vittorio Pepe. Ne *La vita ai bagni*, pubblicato su «La Tribuna» il 12 agosto 1885, d'Annunzio rievoca la figura di Pepe: «Ora egli studia e lavora nel cenacolo di Francavilla, in compagnia di Michetti, al cospetto del mare, dove fra pochi giorni giungerà F. Paolo Tosti con una profumata messe di nuovissime canzoni e dove altri eletti artisti giungeranno per inspirarsi o per riposare sotto li olivi che Guido Boggiani ha dipinto» (*Scritti giornalistici*, 1996).

È sempre d'Annunzio a rammentare le radiose giornate francavillesi in un celebre articolo apparso sul «Fanfulla della Domenica» il 7 gennaio 1883: «Oh i bei giorni ottobrali di Francavilla, quando il culto dell'arte ci univa! Quella povera casa solitaria, in mezzo alla immensità dei litorali, era il nostro tempio: per le stanze un grande alito di salsedine spirava, ci ventava in faccia l'odore degli scogli, ci infiltrava nel sangue un'aspra freschezza di salute. Era lo spirito del mare; e il mare cantava alla spiaggia, nella vasta chiarità pacifica dell'autunno, in contro alli oliveti che biancicavano tra i due azzurri verso le colline». I bei giorni di Francavilla recano una vivida impronta michettiana, resa ancor più palpitante dall'estro e dal realismo delle sue figure.

Il Cenobiarca e la «sede dell'Arte Severa»

D'Annunzio coglie i colori, i segni, i simboli, le atmosfere del Cenacolo, ospitato in quel Convento che ancora oggi sembra emanare quell'aura di mistica e alchemica creatività, nonostante le trasformazioni che Francavilla al Mare ha subito a causa della guerra e della speculazione edilizia. Le foto che immortalano il Convento a inizio Novecento, adagiato sul crinale di una costa non ancora deturpata, sembrano rievocare tempi altri e lontani, consegnati alla memoria della fotografia, della scrittura e dei racconti orali. Lo studio del pittore, collocato nella stanza attigua al giardino, è di per sé lo scrigno di un'arte suprema, richiamata da d'Annunzio nella lettera prefatoria del *Trionfo della morte*: «Pongo il tuo nome anche in fronte a questo libro che sopra tutti singolarmente tu prediligi, o Cenobiarca: in fronte a questo libro che io ti ho scritto con curiosa lentezza nella sede dell'Arte Severa e del Silenzio».

Nessuno meglio di d'Annunzio avrebbe potuto descrivere le atmosfere cenobitiche del "tempio" michettiano, posto in ideale linea d'aria con la casa natale di Tocco da Casauria e con lo studio balneare sito sull'arenile di Francavilla al Mare, costruito dallo stesso pittore secondo i canoni di un'architettura austera e innovativa. Una linea ideale sembra dunque legare i luoghi michettiani d'adozione a quelli del paese natale, posto in una posizione paesaggisticamente di assoluto rilievo, di cui Michetti si ricorderà in occasione de *La figlia di Iorio*, il capolavoro vincitore della prima biennale di Venezia nel 1895. Sullo sfondo, la monumentalità eterea della Maiella, una sorta di quinta teatrale viva e palpitante, posta a riparo delle vicende degli uomini e del dramma venturo di Mila e Aligi. È lo scenario naturale riservato agli abitanti di Tocco da Casauria, che il giovane Francesco Paolo porterà con sé a Francavilla insieme alle cromie, alle luci, alle forme del paesaggio e della sua montagna, unitamente alle pastorelle, agli animali, ai pellegrini, alle donne e agli uomini del suo paese.

Il passaggio dal dipinto al dramma costituisce uno di quei rari connubi estetici e creativi resi possibili dal sodalizio tra due grandi artisti, accomunati anche dall'abbandono giovanile della casa natale. D'Annunzio aveva già celebrato l'arte del "signor del pennello" nel lungo articolo dedicato al *Voto*, pubblicato sul «Fanfulla della Domenica» (14 gennaio 1883) e nelle lettere prefatorie del *Piacere* e del *Trionfo della morte*. Ma è soprattutto lontano dall'Abruzzo che d'Annunzio celebrerà i luoghi michettiani, Tocco da Casauria e Francavilla, nel segno di una simbiosi estetica e creativa che dopo tanti anni sarà rinsaldata dalla prima rappresentazione milanese della *Figlia di Iorio* nel 1904 e nel celebre allestimento del 1927 al Vittoriale degli Italiani.

Alle due lettere prefatorie dei romanzi segue il lungo articolo apparso su «La Tribuna Illustrata», intitolato *Francesco Paolo Michetti*, in cui d'Annunzio ripercorre le fasi della formazione, dell'apprendistato e del successo «del grande eremita di Francavilla; il quale fin dai primissimi anni fece suo il motto di Leonardo: Salvatico è quel che si salva» (*Scritti giornalistici*, 2003). L'incipit dell'articolo è un sapido medaglione biografico, in cui lo scrittore rende omaggio all'artiere formatosi alla scuola della Natura: «Egli appartiene, in fatti, alla razza dei genii selvaggi, violenti, in discordia con la moltitudine, disdegnosi della vita comune». L'abruzzesità di Michetti risiede nella sua immanente concezione dello spazio e della natura, proiettata in quella dimensione pre-grammaticale che fa pensare al Pascoli di *Myricae* e al d'Annunzio di *Terra vergine*, tanto per rimanere nell'atmosfera simbolista e naturalistica congeniale al pittore di Tocco da Casauria, che metterà a frutto il retaggio cromatico, antropologico e paesaggistico della sua Maiella, atteso che «nella sua educazione, egli ha comune con i puri artefici dell'antichità il libero campo della luce e dell'aria» (*Scritti giornalistici*, 2003).

Ma c'è un dato essenziale nell'arte di Michetti che a d'Annunzio non sfugge, avendo avuto la possibilità di penetrare i misteri, gli spazi, i silenzi, i gesti di un artista che potrebbe far parte della galleria degli "uomini artigiani / homines artifices" disegnati da Richard Sennett. Michetti è un artista sospeso tra centro e periferia, connaturato all'essenza stessa del territorio di appartenenza, come rilevato da d'Annunzio: «Essendo vissuto sempre nella campagna, Francesco Paolo Michetti, a simiglianza di quegli artefici, ha sempre avuto d'innanzi agli occhi l'oggetto dell'arte sua nelle condizioni in cui egli voleva studiarlo; ha sempre veduto l'uomo all'aperto, nelle diverse attitudini e nelle diverse espressioni; ed ha quindi potuto osservare e riprodurre le diverse scene della natura patetica nei luoghi stessi ove si svolgevano; ha potuto sempre considerare i suoi modelli animati dal loro particolar sentimento in mezzo alla universale animazione delle circostanti cose» (*Scritti giornalistici*, 2003).

L'immagine delle immagini e il Verbo dipinto

L'elemento naturalistico non è che un dato contingente, il terreno visivo da cui il pittore trae ispirazione per dare forma alle percezioni dell'anima e dello spirito: «Appartiene quasi tutta a questo secondo periodo la vasta raccolta di *studii* custodita nel convento di Santa Maria Maggiore a Francavilla sul mare, una raccolta rimasta lungo tempo negletta ed esposta ai pericoli che corre la delicatezza del pastello, ma ora finalmente ordinata in custodie difese da cristalli: – tesoro senza pari, che rappresenta il più vivace e originale sforzo d'arte compiuto in questo secolo» (*Scritti giornalistici*, 2003). Le problematiche legate alla conservazione delle grandi tele michettiane erano già note a d'Annunzio, presago delle problematiche che avrebbero incontrato quei capolavori, sopravvissuti ai rischi della Seconda guerra mondiale, ivi compresa la *Figlia di Iorio*, conservata nel palazzo della provincia di Pescara.

L'apparente oleografismo di Michetti, così legato alla prima formazione napoletana, lo pone in collegamento con altri celebri maestri abruzzesi della sua epoca, in particolare i fratelli Palizzi, immersi in un nitore panteistico che è solo apparentemente regionalistico. A d'Annunzio va il merito di aver nobilitato e resi universali i luoghi, i paesaggi, i protagonisti dell'arte michettiana, annunciata sin dal tempo dell'articolo *Il Voto* del 14 gennaio 1883: «E il Corpus Domini era per tutti noi, cercatori irrequieti di un'arte nuova, il Verbo dipinto; era, nella nostra chiesa, l'immagine delle immagini». Conservata alla Galleria nazionale d'arte moderna a Roma, la grande tela fu dipinta quando Michetti era ancora a Chieti ed esposta a Napoli nel 1877, «anno dell'attento, fiero autoritratto del pittore a 26 anni, età in cui gli arrise finalmente il favore del pubblico, scelto per l'identità visiva dell'evento. Ci troviamo di fronte a uno dei suoi pastelli meno noti e mai visti in Italia – e custodito al J. Paul Getty Museum di Los Angeles – tra i più freschi per la gioiosa musicalità del tratto e la brillante vivezza del colore» (Giustozzi, 2023).

Nel 1877 Michetti allestì all'Esposizione nazionale di belle Arti la *Processione del Corpus Domini*, ottenendo il primo premio per la pittura e 4.000 lire, insieme alla nomina a professore onorario dell'Istituto di Belle Arti di Napoli. Dai ritratti giovanili fino alle opere tarde della maturità, che risentono sempre più vivamente dell'arte fotografica praticata senza soluzione di continuità, il tratto michettiano si evolve e si connota di nuove significazioni visive, fino alla dissolvenza dei contorni e delle forme, così evidente nei tardi paesaggi francavillesi. Nel frattempo, le esperienze espositive a Parigi, la conoscenza degli impressionisti e di Mariano Fortuny, avevano fatto maturare in Michetti un irrefrenabile processo di sperimentazione, che svilupperà a Francavilla in piena autonomia finanziaria, così da poter rifiutare la proposta di insegnare all'Accademia di Tokyo, rimasta vacante dopo la morte di Antonio Fontanesi. Soltanto l'intervento del re Umberto I di Savoia sventerà il trasferimento, a documentazione già preparata. Il ritratto eseguito da Michetti, oggi esposto al museo Costantino Barbella di Chieti, è forse un omaggio al principale artefice della sua permanenza in patria.

Conclusione. La Fondazione di Francesco Paolo Michetti

Michetti mette così in atto una straordinaria dialettica tra interno ed esterno, secondo un processo osmotico tra il proprio laboratorio conventuale e il paesaggio che lo avvolgeva, circondato da mare, colline, ulivi e greggi. Le pagine del *Trionfo della morte* rendono l'atmosfera del Cenacolo, idealmente legato dall'eremo di San Vito Chietino, che lo stesso Michetti reperì per l'amico poeta per congiungersi con Barbara Leoni nell'estate del 1889. Il filo rosso che lega la casa natale con il Convento si dipana lungo un ideale percorso urbano che coinvolge non solo San Vito, ma anche e soprattutto Palazzo San Domenico di Francavilla al Mare, sede di quella Fondazione che porta il nome del pittore e che promuove uno dei premi di arte contemporanea più longevi d'Italia, giunto nel 2024 alla 75ª edizione.

Sopravvissuto anch'esso alla devastazione della guerra (non si dimentichi che Francavilla fu sostanzialmente rasa al suolo), Palazzo San Domenico offre una prospettiva suggestiva del campanile moresco del Convento, quasi a suggellare un dialogo metatemporale tra le due tele giganti, *Le serpi* e *Gli storpi* (presentate all'Esposizione universale di Parigi nel 1900), eseguite all'interno del Convento e ospitate dall'inizio degli anni Novanta nella sala ipogea del Museo Michetti. Esso si colloca nel complesso sotterraneo attiguo a Palazzo San Domenico, realizzato dall'architetto Mosè Ricci, discendente della famiglia del pittore. Quelle tele, di dimensioni austere e monumentali, recano vive le immagini di due episodi del *Trionfo della morte*, scritto in parte nelle stanze del Convento: si tratta della processione degli storpi che incedono verso il Santuario della Madonna dei Miracoli a Casalbordino e della processione dei serpenti che si svolge ancora oggi ogni primo maggio a Cocullo. Due scene dall'elevato impatto emotivo, l'una più realistica, l'altra più onirica, secondo il *cliché* evocativo di un certo simbolismo europeo.

D'altro canto, l'affermazione della *Figlia di Iorio* alla prima biennale di Venezia aveva proiettato Michetti nell'olimpo della pittura internazionale. Due anni prima d'Annunzio scriveva: «Quale ammirabile pagina sarebbe, ripeto, nella storia dell'intelligenza umana, la descrizione esatta del natural processo per cui l'intemperante pittore lirico del *Corpus Domini* è giunto all'austerità e all'impeccabilità di oggi! Questo processo di *scelta*, iniziato coi *Morticelli* e proseguito nel Voto e sostenuto senza intervalli in dieci anni di raccoglimento profondo, alfine si compie. Francesco Paolo Michetti ha conquistata l'ultima cima dell'Arte. Egli non è soltanto il più possente e il più felice organismo pittorico apparso in questo secolo; ma è ben anche la più acuta intelligenza che sia penetrata nel pieno spirito dell'Arte moderna».

Proprio in nome del genio michettiano, e in omaggio al lascito dannunziano, nel 1948 è sorta la Fondazione Premio nazionale di pittura Francesco Paolo Michetti, che ospita ogni anno, nei locali di Palazzo san Domenico, artisti e curatori impegnati a dare forma alle nuove tendenze e declinazioni dell'arte contemporanea. Da questo punto di vista, l'impegno della Fondazione e del Comune di Tocco da Casauria è quello di rendere la casa natale non solo nuovamente agibile e visitabile, ma anche di estendere lo spazio espositivo della Fondazione, in un ideale collegamento tra Francavilla al Mare e Tocco da Casauria, le due città michettiane per antonomasia. La restituzione degli spazi di casa Michetti alla cittadinanza rappresenterebbe un segno tangibile del lascito intellettuale e creativo di Michetti, secondo possibili declinazioni espositive che coinvolgano non soltanto le opere patrimonio del fondo permanente della Fondazione e degli artisti coinvolti, ivi compresi quelli della sezione giovani, ma anche retrospettive fotografiche e temporanee, che possano restituire alla casa natale la sua vocazione di atelier artistico sul territorio, fulcro di un potenziale museo Michetti diffuso.

Si consegnerebbe alla «storia dell'intelligenza umana», per dirla con d'Annunzio, una poetica dello spazio in parte figlia del suo tempo, in parte disegnata a immagine e somiglianza dell'artiere che ha avuto la capacità di plasmare i luoghi dell'arte. Mai come nel caso di Michetti è valida la dialettica tra «casa e universo» elaborata da Bachelard a proposito dell'intreccio realtà-sogno, in antitesi all'idea di non-luogo appartenente alla nostra post-modernità: «Quando l'immagine è nuova, il mondo è nuovo». Questo il possibile lascito di Michetti e della sua casa natale, in cui il principio dannunziano dell'«immagine delle immagini» si dipana idealmente fino alla suggestione dell'«immagine nuova» di Bachelard, nel segno della visionarietà spaziale del processo artistico.

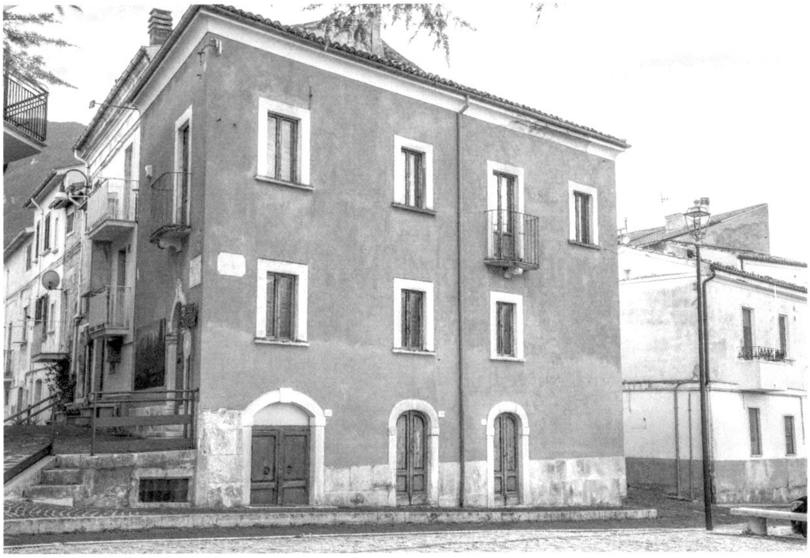

1

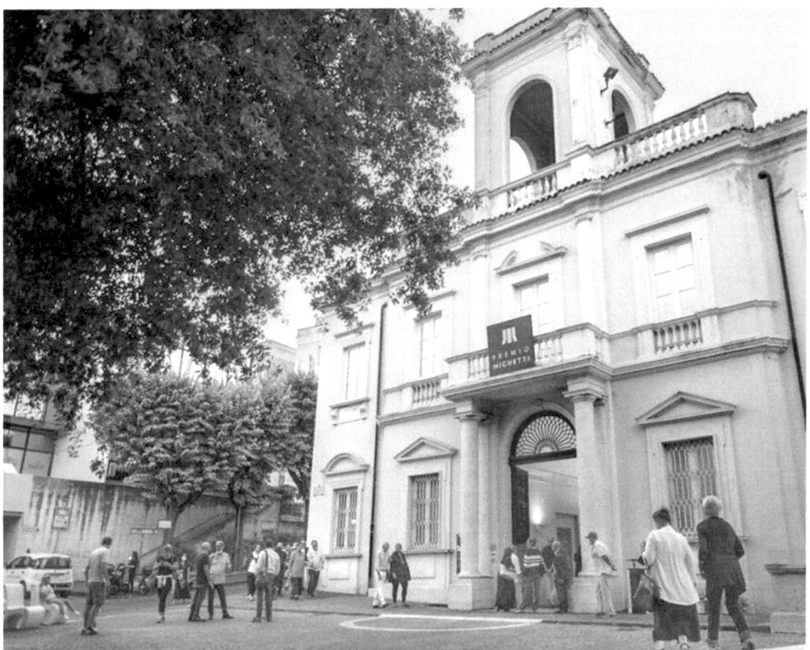

2

Fig. 1. Casa natale di Francesco Paolo Michetti, Tocco da Casauria. Fig. 2. Facciata del Palazzo San Domenico a Francavilla al Mare, sede della Fondazione Michetti e del Museo Michetti.

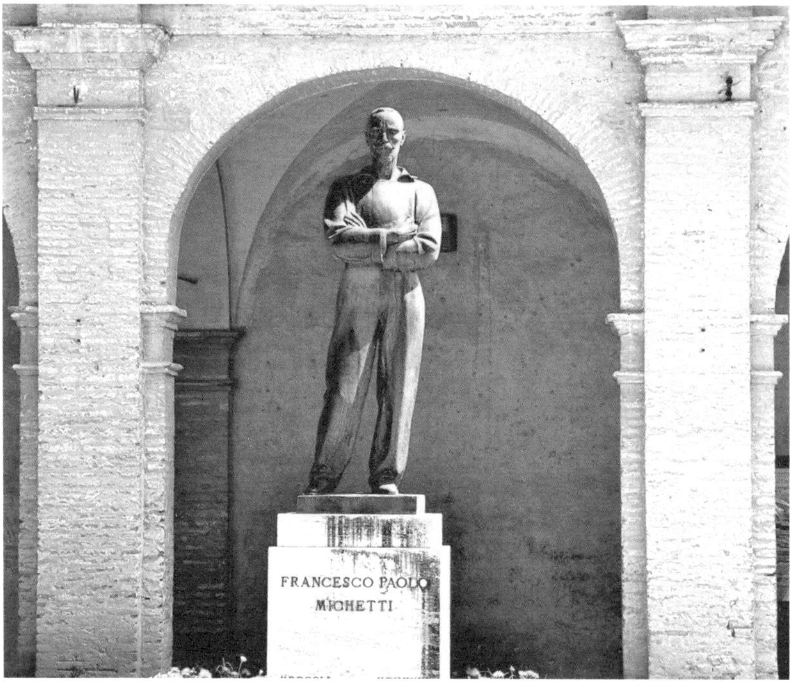

3

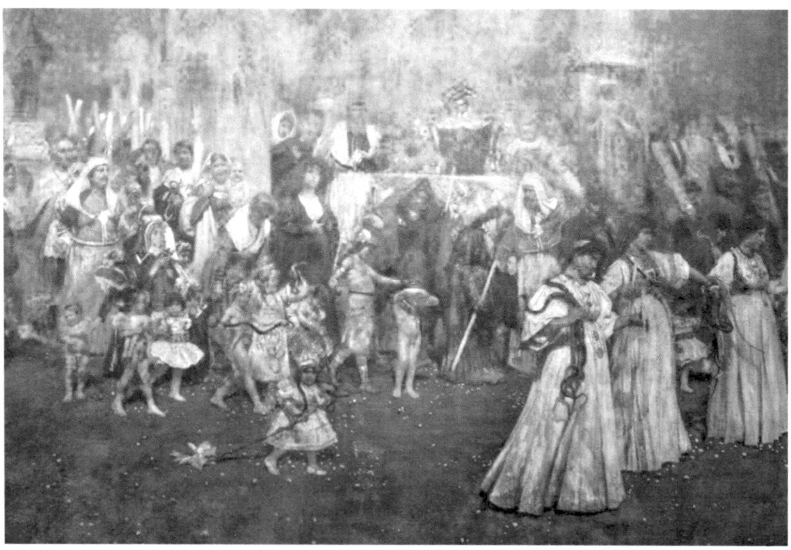

4

Fig. 3. Dettaglio della statua di Francesco Paolo Michetti realizzata da Nicola d'Antino, Convento Michetti, Francavilla al Mare. Fig. 4. Dettaglio de *Le serpi*, esposta nella sala ipogea del Museo Michetti.

Parco Poesia Pascoli (San Mauro Pascoli)

Ilaria Cesaroni – Sara Gallegati

«SEMPRE UN VILLAGGIO, SEMPRE UNA CAMPAGNA». PASCOLI TRA EVOCAZIONE E MEMORIA

Il ricordo del «dolce paese»: cenni biografici sulla soglia

Una nota definizione di Gianfranco Contini inquadra perfettamente il ruolo della Garfagnana e della Romagna nella lirica di Giovanni Pascoli: esse, afferma il critico, ne sono le «patrie fisiche esclusive».

Nato il 31 dicembre 1855 a San Mauro di Romagna (oggi San Mauro Pascoli), in provincia di Forlì, Pascoli trascorse un'infanzia lieta e serena grazie alle condizioni economiche agiate consentite dal lavoro del padre, amministratore di una importante tenuta dei principi Torlonia, La Torre. Proprio all'interno di quest'ultima vive il poeta con la sua famiglia. Il 10 agosto 1867 il padre Ruggero, tornando a casa da Cesena, viene ucciso a colpi di fucile, forse per rivalità legate al suo lavoro o nell'intento, maturato da qualcuno, di succedergli nell'ambìto incarico. Questo lutto, mai veramente elaborato, è un evento cruciale nella vita e nella poesia di Pascoli, e verrà richiamato esplicitamente in alcune liriche; esso diviene emblema del nido disfatto, del trionfo del male, della violenza, e come tale verrà sempre evocato. All'evento luttuoso che vede coinvolto il padre fa seguito una serie di altre disgrazie: negli anni successivi, infatti, moriranno la sorella maggiore Margherita, la madre, e i fratelli Luigi e Giacomo. Giovanni riesce comunque a portare a termine gli studi liceali, conseguendo una borsa di studio che gli consente di frequentare l'università e di laurearsi in Lettere a Bologna. In uno scorcio di secolo segnato dalla volontà di fare della vita «un'opera d'arte», sul modello di d'Annunzio, colpisce l'estrema povertà di avvenimenti esteriori che connota la vita di Giovanni Pascoli, la cui biografia esibisce un inquadramento ordinario, quasi banale, ove la monotonia viene infranta solamente da qualche intemperanza giovanile (durante gli anni universitari la conoscenza con il socialista anarchico Andrea Costa ne determina l'adesione ai movimenti anarchici e popolari della Romagna, un'esperienza conclusasi con l'arresto e la detenzione nel carcere bolognese). Dopo aver vagato da insegnante per scuole e atenei disseminati nella penisola, è proprio alla campagna, luogo dell'infanzia, che decide di riavvicinarsi, trovando nella convivenza con le sorelle la sensazione di quiete e di pace di cui sente il bisogno.

Pascoli trascorre gli ultimi anni di vita tra i monti della Garfagnana, in a Castelvecchio di Barga in provincia di Lucca, assieme alla sorella Maria, in una casa isolata che permette loro una immersione totale nella pace della campagna. Il distacco netto dalla poesia celebrativa contemporanea, e l'ampliamento del diritto di cittadinanza poetica a temi e oggetti mai comparsi nella tradizione lirica italiana, concorrono al popolamento dei versi pascoliani di nuove figure: ad assurgere a inediti soggetti poetici ritroviamo, infatti, le umili fatiche campestri, le figure dimesse che le sopportano e gli attrezzi del lavoro.

La poetica pascoliana esibisce sin dai suoi esordi le tracce di questo profondo legame con la natura: nel titolo della prima raccolta, *Myricae* (1891) ossia "tamerici", confluisce la conoscenza di fiori e piante della campagna dell'infanzia. È un valore programmatico quello attribuito al titolo della raccolta: le tamerici sono arbusti comuni, non sono rari né preziosi, si elevano poco da terra; da ciò si ricava, dunque, l'idea di una poesia agreste, che tratta temi modesti e quotidiani, legati ai ritmi delle stagioni e dei lavori nei campi, e al succedersi di gesti immutabili e rituali; una poesia dimessa per argomento e stile. Tale nucleo tematico rimane sostanzialmente immutato; analogamente senza evoluzione si presenta l'ideologia pascoliana caratterizzata dall'inesausto rimpianto del nido familiare prima che la malvagità e la violenza degli uomini lo distruggessero. A fronte di una realtà moderna percepita come minacciosa e inquietante, il nido rappresenta il nucleo originario, cementato dai vincoli di sangue e dalle memorie, unico luogo di affetti autentici. Proprio il nido, infatti, è una delle parole chiave e dei miti centrali della poesia pascoliana, un elemento in grado di proteggere l'individuo e i suoi affetti dal mondo esterno pericoloso e colmo di insidie. La descrizione della natura e della vita campestre non è ovviamente autonoma né conclusa in sé, ma rappresenta piuttosto lo scenario su cui il poeta proietta le proprie angosce, le inquietudini, i ricordi e le paure. In una lirica dedicata all'amico d'infanzia Severino Ferrari, Pascoli esordisce menzionando il connubio di gioia e infelicità che gli provoca la terra natia: «sempre un villaggio, sempre una campagna / mi ride al cuore (o piange), Severino». Come promesso nei primi versi, dolore e infelicità si susseguono nel testo; la memoria dei paesaggi assolati rischiara le tenebre dell'anima; e la Romagna, assurta a patria poetica, cui è intitolata la lirica in questione, emerge nella dolorosa dolcezza del ricordo.

«Memorie pascoliane»: un dialogo tra luoghi e versi

Il Parco Poesia Pascoli è un virtuoso esempio di interazione tra territorio e letteratura; in questo spazio l'espressione letteraria, attraverso l'opera dell'autore a cui è intitolato, diviene strumento per rivelare e trasmettere l'essenza dei luoghi e dei paesaggi da un privilegiato punto di vista: quello artistico. Al tempo stesso, l'ambiente in cui il poeta ha vissuto restituisce suggestioni e memorie, fonte di ispirazione per la sua produzione letteraria, dando vita a un dialogo costante tra esistenza reale e immaginario poetico.

Il Parco fa parte del progetto culturale sostenuto dall'Amministrazione comunale di San Mauro Pascoli, nell'intento di unire idealmente i luoghi significativi della memoria e della poesia dell'autore, ossia Villa Torlonia (La Torre) e la casa natale (ora Museo Casa Pascoli).

Il Museo Casa Pascoli occupa quella che fu la dimora della madre del poeta, Caterina Allocatelli, oggi ubicata in via Giovanni Pascoli 46, nel centro del paese. Pascoli vi nasce allo scadere del 1855 e vi abita stabilmente fino al 1862, anno in cui parte, con i fratelli Luigi e Giacomo, per il Collegio Raffaello a Urbino, retto dai Padri Scolopi, dove rimane fino al 1871. La casa resta di proprietà degli orfani Pascoli fino al 1880, quando verrà venduta.

Descrizioni della dimora materna sono contenute nel componimento *Romagna*, inserito nella raccolta *Myricae*, e in *Casa mia*, parte della sezione *Ritorno a San Mauro* dei *Canti di Castelvecchio*. Attraverso la sua produzione poetica, Pascoli restituisce alcuni frammenti della sua infanzia e rivela al lettore l'importanza della casa di San Mauro nella sua esperienza personale e letteraria: egli, richiamando i ricordi e la figura della madre, evoca parallelamente l'immagine della casa, che diventa il simbolo dell'ideale di vita familiare e domestica a cui il poeta aspirerà per tutta la sua esistenza.

Dichiarata Monumento nazionale dal 1924, Casa Pascoli è oggi un museo, gestito dal Comune di San Mauro e diretto da Rosita Boschetti. Dopo i danneggiamenti subiti nel corso della Seconda Guerra Mondiale, la casa natale del poeta venne ricostruita, ma si conservano ancora alcune delle strutture e degli arredi originali: sono rimasti intatti la cucina (unico ambiente domestico scampato ai bombardamenti), il focolare, l'acquaio in pietra, la camera dei genitori, la culla del poeta e i mobili che appartennero allo studio di Pascoli professore a Bologna. Al primo piano, inoltre, sono esposte lettere dell'autore, fotografie di famiglia e prime edizioni delle opere pascoliane con dediche autografe, donate poi dallo stesso poeta al Comune di San Mauro. Tra i vari documenti esposti nella camera da letto figurano, inoltre, le firme dei personaggi illustri che hanno visitato la casa nel tempo.

Il percorso di Casa Pascoli prosegue nel giardino, dove è possibile procedere lungo un sentiero tra le piante e i fiori che rivivono nei versi del poeta, come rose rampicanti, iris, erba cedrina, giaggioli e pioppi. Il giardino è anche sede del festival *Il Giardino della Poesia, parole musiche e immagini nei luoghi pascoliani*, giunto nel 2024 alla sua XXVIII edizione.

Annessa al giardino di Casa Pascoli è la chiesetta dedicata alla Madonna dell'Acqua, luogo al quale il poeta fa riferimento nel componimento *Ognissanti del 1910*, incluso nella raccolta di *Poesie varie* curata dalla sorella Maria.

Il Parco include, come già menzionato, anche Villa Torlonia, una grande residenza rustica situata a pochi chilometri di distanza da San Mauro Pascoli. Centro della proprietà agricola dei Principi Torlonia, la villa fu amministrata in loro vece da Ruggero Pascoli dal 1855 al 1867 ed è giunta fino a noi nell'aspetto che si consolidò nel XVIII secolo. La struttura è composta da un corpo centrale con un ampio cortile interno e da una torre – da cui il nome della villa, La Torre – che segna l'ingresso maestoso nella tenuta. Sono inoltre presenti due edifici minori, situati a lato: il primo era adibito a magazzino e abitazione del fattore; l'altro è una piccola chiesa ottocentesca intitolata ai Santi Pietro e Paolo, ancora intatta e in uso per la celebrazione di funzioni. Adiacente alla chiesa si trovava l'appartamento in cui la famiglia Pascoli soggiornò dal 1862 al 1867.

La parte più antica di Villa Torlonia è rappresentata dalle cantine sottostanti l'attuale sala degli Archi, corrispondenti alle fondazioni del *castrum* di *Giovedia* (XI secolo). La storia di Villa Torlonia, infatti, attraversa molteplici fasi e trasformazioni: in età romana, nel sito sorgeva un tempio dedicato a Giove, dove, secondo la tradizione, Giulio Cesare si sarebbe fermato in preghiera dopo l'attraversamento del Rubicone, nel 49 a.C. Corte altomedievale tra XI e XIII secolo, *Giovedia* diventa poi un possedimento fondiario il cui nucleo centrale, situato presso il corso d'acqua Rio Salto, viene dotato di chiesa e di castello. Dopo aver subito saccheggi e devastazioni che ne compromettono la funzione di fortilizio, l'edificio torna a essere una residenza fortificata con l'instaurarsi della signoria malatestiana.

Nel XVIII secolo Papa Pio VI, il cesenate Angelo Braschi, concede il palazzo in enfiteusi al nipote Luigi Onesti Braschi; tutti i possedimenti di quest'ultimo vengono poi acquisiti nel 1828 dal principe romano Alessandro Torlonia, che nomina come amministratore dei suoi beni in Romagna il ravennate Giovanni Pascoli, prozio del poeta. Ruggero Pascoli giunge dunque a San Mauro insieme allo zio, e subentra a quest'ultimo nell'incarico di amministratore di villa La Torre per conto del Principe Torlonia. Dopo il suo assassinio, la gestione della tenuta viene affidata ad Achille Petri e a Pietro Cacciaguerra, entrambi principali sospettati di aver commissionato l'omicidio. Tra la fine dell'800 e i primi del '900, è l'ingegnere e agronomo riminese Leopoldo Tosi ad affittare lo stabile, che resta però di proprietà dei Torlonia. Durante la Seconda Guerra Mondiale la villa viene occupata militarmente; nel dopoguerra subisce un processo di smembramento al seguito del quale gli edifici sono in parte abbandonati: solo nel 1974 il Ministero della Pubblica Istruzione dichiara il compendio di interesse storico e nel 1983 il Comune di San Mauro ne acquista la proprietà e lo restaura.

Grazie al progetto del Parco Poesia Pascoli, avviato nel 2014, Villa Torlonia è stata riaperta al pubblico, offrendo nuove aree destinate a una vasta gamma di eventi, tra cui spettacoli, rappresentazioni, esposizioni e concerti. Tra gli elementi cardine del Parco, si menziona il teatro, che contribuisce a rendere questo luogo un punto di incontro tra arte, storia e memoria.

Dal 2019 nei suggestivi spazi di Villa Torlonia è stato infine situato il Museo Multimediale Pascoliano, nato con l'intento di far dialogare cultura, innovazione e tecnologia, e insieme di valorizzare la poesia di Giovanni Pascoli attraverso un coinvolgente percorso che si snoda tra immagini, suoni e installazioni interattive.

Il viaggio immersivo nelle liriche pascoliane ha origine dalle cantine, ove è ubicata una sezione dedicata alla natura; una voce narrante, nel recitare i versi di alcune note poesie – *La vertigine*, *Il bolide*, *X agosto* e *La cavalla storna* – accompagna il visitatore al piano terra del palazzo. Quest'ultima tappa dell'itinerario poetico propone delle sale allestite con postazioni multimediali, che consentono agli utenti di esplorare i luoghi del cuore del poeta, di approfondire aspetti storici, artistici e gastronomici del territorio, e di ripercorrere il legame indissolubile tra Pascoli e la Romagna.

È stato inoltre realizzato, per iniziativa dell'Amministrazione comunale e grazie al finanziamento del Ministero della Cultura nel 2021, un importante centro di documentazione e consultazione nello spazio dell'ex scuola materna del *Compendio Domus Pascoli*, inaugurato il 31 dicembre 2022. Il centro conserva tutto il materiale di proprietà comunale, inclusi fondi e archivi privati acquisiti negli ultimi anni, relativi a Pascoli e alla tenuta di Villa Torlonia. Attualmente, è in corso la catalogazione e digitalizzazione dell'ampio patrimonio, che sarà reso accessibile al pubblico anche attraverso il sito web del Parco.

Completano il percorso dei luoghi legati alla memoria autoriale i corsi d'acqua del Luso e del Rio Salto, oltre al cimitero: insieme agli altri già descritti, questi ambienti vanno a sigillare, secondo Andrea Battistini, «i vertici del ristretto poligono delle memorie pascoliane».

Il Parco Poesia Pascoli, attraverso il suo intreccio tra geografia, storia e letteratura, non solo preserva e valorizza il ricordo dell'autore e il suo legame con la terra natale, ma offre ai visitatori un'esperienza immersiva, capace di far rivivere le atmosfere e i paesaggi che hanno ispirato la produzione poetica pascoliana. Grazie alle molteplici iniziative culturali e ai nuovi spazi espositivi, questo progetto rappresenta un importante punto di riferimento per la divulgazione e la riscoperta del patrimonio dell'autore, mantenendo viva la memoria di Giovanni Pascoli e del suo profondo legame con San Mauro.

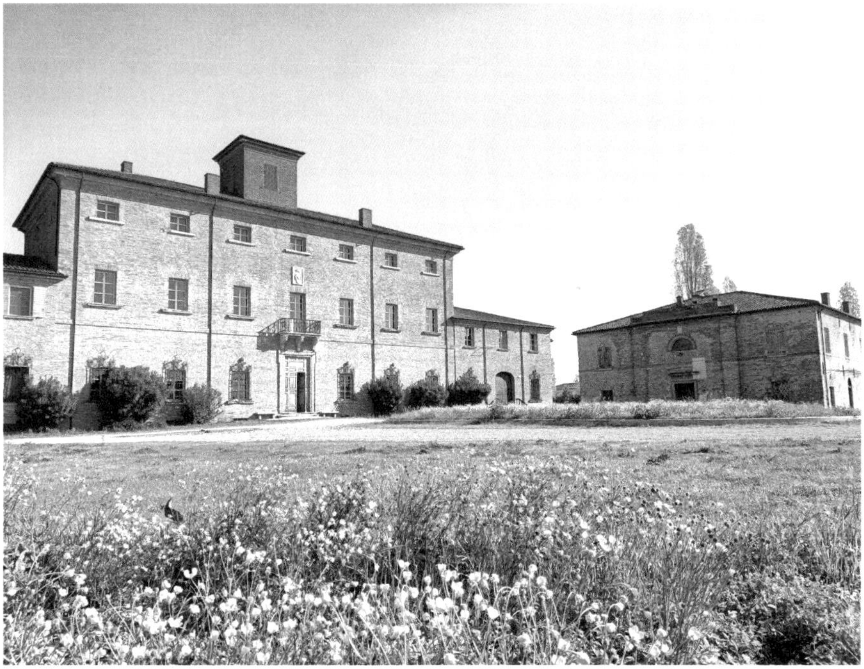
1

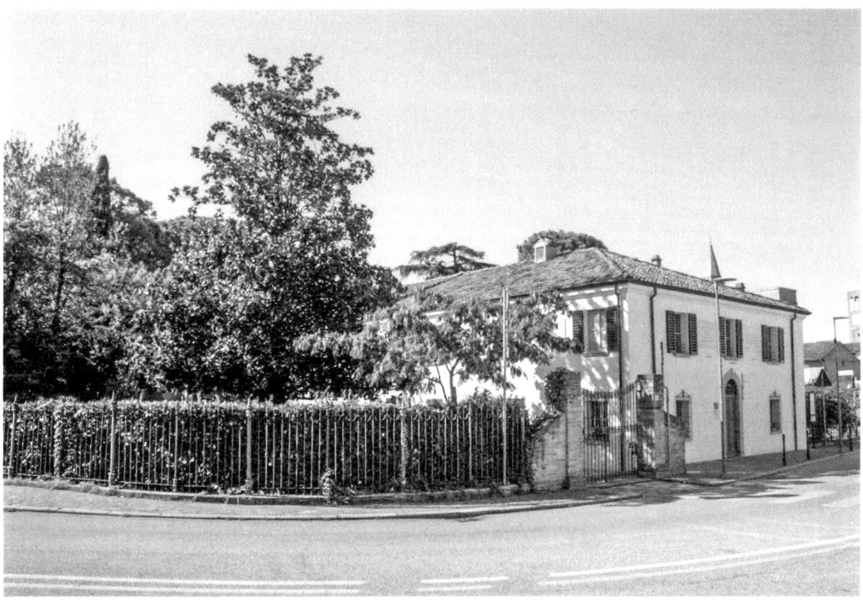
2

Fig. 1. Villa Torlonia, ingresso del palazzo. Fig. 2. Casa Pascoli, sede del museo.

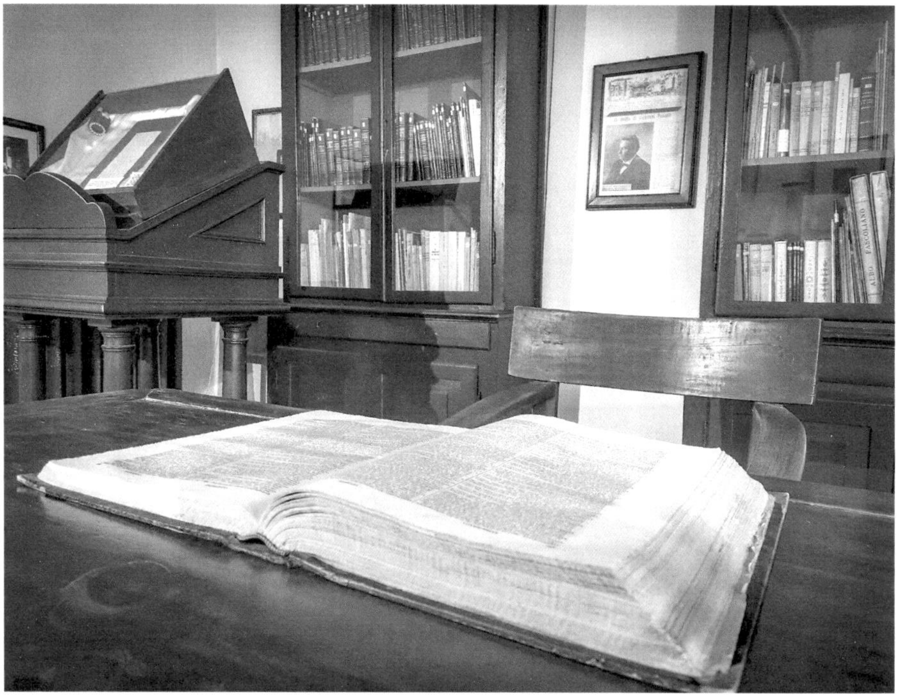

3

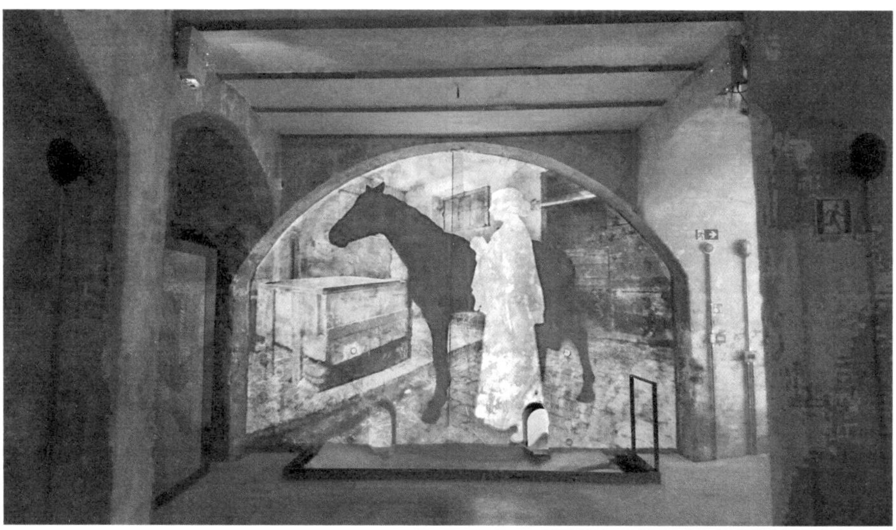

4

Fig. 3. Museo di Casa Pascoli: lo studio del poeta. Fig. 4. Dettaglio del museo multimediale (la cavallina storna).

Elena Cedrola – Marta Giovannetti

ANALISI ECONOMICO-GESTIONALE DELLE CASE D'AUTORE

Introduzione

In Italia, le dimore dei personaggi illustri assumono una rilevanza notevole da un punto di vista culturale, turistico, economico e sociale.

Sotto il profilo culturale, questi luoghi storici costituiscono veri e propri tesori nazionali che offrono opportunità uniche per immergersi nel *genius loci*, negli ambienti della vita, della sensibilità e dell'immaginazione di autori e artisti: esplorando questi spazi, i visitatori possono comprendere meglio i contesti e le influenze che hanno ispirato capolavori letterari e artistici.

In ambito turistico, le case costituiscono un'attrazione unica, offrendo ai visitatori una finestra sulla vita e sulla creatività di grandi personalità: la curiosità di vedere dove autrici e autori hanno vissuto e lavorato genera una grande attrazione, contribuendo all'incremento del flusso turistico in diverse località, nonché alla creazione di itinerari dedicati e di estrema rilevanza per la conservazione e valorizzazione del patrimonio culturale locale e nazionale.

Dal punto di vista economico, la promozione delle Case d'Autore genera entrate (attraverso turismo culturale, biglietti d'ingresso, negozi di souvenir, servizi di guida e affitto di pertinenze della casa, esperienze immersive, laboratori creativi, ecc.) che possono essere reinvestite nel mantenimento e nello sviluppo delle stesse preziose proprietà storiche. Inoltre, la presenza di queste attrazioni può stimolare lo sviluppo di piccole imprese locali come ristoranti, alloggi e negozi, favorendo l'economia delle comunità circostanti.

Infine, in ottica sociale, le Case d'Autore svolgono un ruolo fondamentale nella valorizzazione del patrimonio culturale italiano, offrendo informazioni ai visitatori su storia, arte e letteratura di ciascun luogo. Esse possono fungere da centri culturali, ospitando mostre, eventi e conferenze che arricchiscono la vita culturale delle comunità locali. In questo modo, le Case d'Autore non solo preservano la memoria del passato, ma potenziano anche il tessuto sociale contemporaneo, promuovendo la diffusione e l'apprezzamento della cultura e dell'arte italiana e contribuendo alla costruzione emotiva della conoscenza, favorita dalla presenza *in loco* del visitatore esposto alle "vibrazioni di storia vissuta" dall'autore, insite nel luogo visitato.

L'analisi economico-gestionale condotta a livello micro, verte sui casi selezionati nei territori interessati dal progetto *Atlante delle Case d'Autore* (ACA): le regioni Emilia-Romagna, Marche e Abruzzo. Più in particolare, i dati reperiti da fonti secondarie (soprattutto sul Web) riguardano aspetti come l'offerta delle case, l'inserimento di queste ultime in reti, gli eventuali itinerari consigliati, le modalità di organizzazione per coprire l'offerta sul territorio, i prezzi e le tariffe. I dati primari, invece, raccolti mediante interviste personali a figure manageriali o dirigenziali delle strutture individuate, hanno consentito di specificare le voci di costo e i ricavi delle varie attività, oltre che i dettagli sulla tipologia e la numerosità dei visitatori, eventuali pricing differenziati, servizi offerti, iniziative speciali con relativo numero e tipologia di utenti, comunicazione e media utilizzati, canali di vendita / biglietteria, merchandising e prodotti venduti legati alla struttura / rete / territorio, fonti di finanziamento.

La metodologia utilizzata per lo svolgimento della ricerca è quella del *multiple case study* (EISENHARDT, 1989; YIN, 1994). Per lo studio sui modelli di business delle Case d'Autore sono stati selezionati alcuni casi, esemplificativi dell'area di riferimento, che potessero consentire l'individuazione delle dimensioni gestionali e manageriali rilevanti. Nel prosieguo, le diverse realtà analizzate – identificate per omogeneità con la parola "Casa" e il cognome dell'Autore – sono state ordinate secondo una logica incrementale: dai progetti in partenza a quelli più strutturati. Vengono infine proposte riflessioni conclusive e implicazioni teoriche e manageriali. Per una visione d'insieme delle dimensioni investigate nelle strutture esaminate, si veda il quadro riepilogativo (Tab. 1).

CASA MICHETTI

Situata a Tocco da Casauria (PE), è la casa natale del pittore Francesco Paolo Michetti, figura centrale dell'arte abruzzese di fine 1800. Michetti, legato al poeta Gabriele d'Annunzio (a cui venne anche conferita la cittadinanza onoraria di Tocco da Casauria), contribuì a creare una fervente scena intellettuale nell'Abbazia di San Clemente della cittadina. A testimonianza di ciò, si pensi che numerose famiglie illustri del luogo ospitavano intellettuali e artisti, contribuendo a creare un ambiente culturale vivace.

La casa, oggi di proprietà comunale, è stata recentemente inserita nelle politiche di tutela regionale e gode di finanziamenti annuali per la realizzazione di progetti futuri. A seguito del restauro, la casa è visitabile in occasione di piccole esposizioni che richiamano principalmente un pubblico fidelizzato, ma è in corso un progetto di valorizzazione a cura dell'Amministrazione comunale di Tocco da Casauria e della Fondazione Michetti di Francavilla a Mare. Le opere del pittore, spesso in sintonia per soggetti e temi con quelle di d'Annunzio, sono conservate principalmente nel museo di Pescara e in collezioni private. Il Premio Michetti, giunto alla 75ª edizione nel 2024, attira visitatori e appassionati in occasione di eventi organizzati nel periodo luglio-ottobre. È in questo arco cronologico, in particolare nei giorni in cui si svolge il premio, che si concentra la maggioranza dei visitatori nelle due sedi (casa e Fondazione).

La Fondazione Michetti, con sede a Francavilla, gestisce le attività culturali con due dipendenti e alcuni volontari. Essa si fa carico di tutte le spese necessarie per lo svolgimento delle singole iniziative: allestimento, assicurazioni di luoghi e opere, catalogo (produzione e pubblicazione), tutela delle opere esposte per le mostre. Al momento non sono state formalizzate collaborazioni o partnership al di fuori della piccola rete michettiana locale, ma si rileva un elevato potenziale nel raccordo con i luoghi dannunziani in Italia. Questa è indubbiamente una promettente area di sviluppo per i prossimi anni.

Casa Fellini

Sita a Gambettola (FC), è la dimora dei nonni di Federico Fellini, dove il regista trascorse spesso le vacanze estive. La casa appare nel film *8 e 1/2*, uscito nel 1963 e considerato uno dei capolavori del cinema mondiale (ha vinto numerosi premi, tra cui l'Oscar per il miglior film straniero e i migliori costumi nel 1964). La casa, di proprietà del Comune di Gambettola, è stata ristrutturata nel 2019 con il co-finanziamento della Regione Emilia-Romagna, nell'ambito del cluster Cineturismo che si propone di valorizzare i luoghi di Fellini, Antonioni, Pasolini, Bertolucci, in collaborazione con la Film Commission e la Cineteca di Bologna. È l'unica dimora attualmente riconoscibile di Fellini, poiché quelle di Rimini e Roma non esistono più. La sua gestione è affidata a un collettivo di associazioni (Caracò, Ventottoluglio e Sputnik Cinematografica) attive in ambito cinematografico e circense.

Casa Fellini è visitabile su richiesta, ma è principalmente la sede di spettacoli, manifestazioni, produzioni e "residenze d'artista". Il Comune e le associazioni lavorano molto per la valorizzazione e l'organizzazione di eventi che coinvolgono la struttura e il giardino antistante, principalmente con proiezioni di film e manifestazioni, ma anche con itinerari nei luoghi di Fellini bambino, tracciati attraverso un volume curato da un autore gambettolese.

La pandemia del 2020 e l'alluvione del 2023 hanno avuto ricadute sull'attività e lo sviluppo del progetto al suo nascere; tuttavia, il Comune ha lavorato per esporre documenti e oggetti relativi a Fellini, ottenendo il riconoscimento nella legge regionale delle Case Illustri della Regione Emilia-Romagna. In fase iniziale è la collaborazione con il Museo Fellini di Rimini.

Ad oggi si occupano della gestione della casa l'Assessorato alla cultura di Gambettola e un dipendente del comune, a cui si aggiungono i tre presidenti delle associazioni che gestiscono la struttura e i rispettivi direttivi. È coinvolto nelle attività anche un volontario del Servizio Civile.

Tra le risorse chiave di questo progetto di valorizzazione, oltre alle numerose e qualificate relazioni e appartenenze a network, vi è il rapporto personale dell'Assessorato con il contesto e l'esperienza del Parco Poesia Pascoli, di cui Casa Fellini tenta di seguire il virtuoso esempio. Altro punto di forza è il solido brand legato al nome dell'autore, che consente di coinvolgere nelle varie iniziative non solo un pubblico regionale, ma anche visitatori di provenienza nazionale e internazionale.

Casa Licini

Casa Licini è stata la dimora di Osvaldo Licini, pittore del Novecento nato a Monte Vidon Corrado (FM) e cresciuto tra Parigi e vari paesi europei. L'artista fece poi ritorno al paese natale e ospitò nella sua dimora-studio non soltanto colleghi e amici, ma anche la comunità locale, per incontri di indirizzo politico dedicati perlopiù a temi di emancipazione e giustizia sociale. Licini ha sempre manifestato un forte carisma durante la sua vita e la sua eredità viene convintamente valorizzata dal Comune e dal Centro Studi e Casa Museo.

L'attività del Centro Studi Licini ha avuto inizio nel 1986, con mostre e iniziative culturali di vario genere; nel 2016 è stata inaugurata anche la Casa Museo. I sei componenti principali dell'Associazione che dirige la struttura sono docenti ed esperti di storia dell'arte che si prodigano da molto tempo per promuovere attività, eventi, mostre e ricerca. Sono inoltre operativi undici volontari che si impegnano nella gestione delle esposizioni (tendenzialmente una all'anno, cui si affiancano ulteriori iniziative temporanee più frequenti), soprattutto nei fine settimana e nel periodo estivo.

La reputazione del Centro Studi e la sua esperienza trentennale hanno portato la rete dell'istituto a includere enti del calibro del Museo Guggenheim di Venezia, il Museo del Novecento di Firenze, l'Università di Pisa e molti altri soggetti privati e istituzionali, che in base alla specifica iniziativa vengono contattati per l'organizzazione di eventi o per consulenze. L'unica istituzione con la quale i rapporti sono stabili – per questioni di prestito di opere, organizzazione di iniziative, ma anche studio e ricerca – è la Galleria d'Arte contemporanea Osvaldo Licini di Ascoli Piceno, che custodisce la maggior parte delle opere di Licini, insieme alla sua biblioteca. Nel 2008 è stato aperto al pubblico l'itinerario Monte Vidon Corrado-Ascoli Piceno, ideato in sinergia tra i due comuni con l'obiettivo di favorire la conoscenza della vita, delle opere e dei luoghi di Licini. In particolare, è in corso la progettazione di strategie di valorizzazione dei "paesaggi liciniani" riconoscibili nelle opere dell'artista.

Dal punto di vista finanziario, il budget annuale per la gestione delle varie attività viene messo a disposizione dal Comune che finanzia sia l'associazione sia il Centro Studi. A questo si aggiungono alcuni finanziamenti regionali o di sponsor locali che interessano le iniziative espositive annuali.

La casa attira circa 3.000-4.000 visitatori l'anno, tra studenti delle scuole e turisti, con una prevalenza di pubblico proveniente del nord Italia.

Casa Pascoli

Casa Pascoli è la dimora in cui Giovanni Pascoli risiedette con la famiglia durante l'infanzia; dopo essere appartenuta allo Stato, attualmente è di proprietà del Comune di San Mauro Pascoli (FC), e insieme a Villa Torlonia costituisce il complesso Parco Poesia Pascoli. La direzione scientifica dei musei (Casa Pascoli e il Museo Multimediale Pascoli a Villa Torlonia) è affidata al Comune, che cura direttamente ricerca, pubblicazioni, didattica ed eventi, oltre a gestire – attraverso l'Ufficio Cultura – gli aspetti economici, la comunicazione e il marketing, mentre le attività vengono svolte concretamente dalla Cooperativa Atlantide, con un contratto triennale, sotto la supervisione della direzione scientifica sui contenuti. Il personale dei Musei annovera complessivamente due dirigenti, quattro impiegati comunali, due dipendenti della cooperativa e sei volontari (Auser, Servizio Civile e Biblioteca).

Dentro Casa Pascoli è stato ricostruito, con arredi originali utilizzati nella casa di Bologna, lo studio del poeta. Con le altre case, luoghi e musei di Pascoli diffusi sul territorio italiano, in particolare con la Casa Museo Giovanni Pascoli, a Castelvecchio Pascoli di Barga (LU), è attiva una collaborazione proficua e costante, che prevede l'organizzazione congiunta di eventi, pubblicazioni e mostre, con il coinvolgimento di referenti o esperti. Tuttavia, vista la distanza che separa le due istituzioni, non si è mai attivato un vero e proprio circuito dedicato (che invece beneficerebbe di vantaggi di sinergia e co-finanziamento).

Per quanto riguarda l'appartenenza a circuiti e network culturali, Casa Pascoli fa parte della rete Case Museo dei poeti e scrittori di Romagna, perimetro nel quale sono state svolte molte attività di valorizzazione, sia culturale che enogastronomica. Si tratta di una rete bottom up nata per rendere riconoscibile l'ente collettivo, ma al contempo promuovere le singole case e agevolare l'accesso ai finanziamenti. Inoltre, Casa Pascoli fa parte dell'Associazione Nazionale Case della Memoria, un organismo dotato anche di un portale web che prevede adesione a pagamento e adotta finalità promozionali. Da ultimo, casa Pascoli rientra nel circuito Case Illustri della Regione Emilia-Romagna, riconosciuta a livello regionale con una legge del 2022.

Tra le collaborazioni si annovera quella con l'Università di Bologna, con la quale è condiviso un progetto dedicato alla digitalizzazione del patrimonio pascoliano. Una direzione appassionata e dedita alla ricerca e alle pubblicazioni, insieme a una gestione attenta alle possibili alleanze formali per il riconoscimento, l'accesso ai bandi e la promozione, fanno sì che l'attenzione della casa sia sempre viva nei confronti di visitatori e turisti, che seguono un andamento stagionale (febbraio-maggio, soprattutto per la presenza di scuole). Nei periodi meno intensi le attività si concentrano sulla progettazione e la ricerca. La casa è visitabile su prenotazione con visite guidate; il flusso di presenze è di circa 8.000-10.000 persone l'anno. Sono anche organizzate visite guidate drammatizzate con attori, workshop di scrittura poetica, cacce al tesoro, incontri letterari, esperienziali ed enogastronomici. Per il futuro saranno previsti anche percorsi esterni nel giardino che richiamino gli aspetti naturalistici della produzione poetica pascoliana.

Casa Pascoli è anche la sede del Centro di Documentazione Pascoliano che raccoglie volumi catalogati, riviste, periodici, fotografie provenienti dal territorio regionale; tutta la documentazione è anche digitalizzata e resa accessibile attraverso una piattaforma dedicata.

Venti anni di gestione della casa in ottica di valorizzazione, ricerca, divulgazione e costruzione di network ha prodotto frutti in termini di finanziamenti ottenuti, ricezione di documenti e materiali (ne è un esempio un autografo di recente ritrovamento). Le attività di sponsorizzazione sono abbastanza limitate e provengono soprattutto da aziende di servizio a partecipazione pubblica. Per il futuro, facendo leva sul coinvolgimento del territorio, l'istituzione cercherà di sollecitare anche flussi finanziari privati con Art Bonus per far fronte alle spese principali (come manutenzione straordinaria o la già ricordata acquisizione di documenti).

Casa Bo

Carlo Bo, autore, intellettuale e accademico originario di Sestri Levante, per volontà testamentaria individuò uno degli edifici storici appartenenti all'Università di Urbino (della quale fu a lungo Rettore), sito nel centro storico di Urbino (PU) per ospitare un suo lascito destinato alla fruizione pubblica. Esso comprendeva, anzitutto, la sua biblioteca, una delle più grandi d'Europa con più di 100.000 volumi all'attivo, che ora è parte integrante della biblioteca universitaria. Bo ne curò personalmente i lavori di realizzazione quando era ancora in vita. Il patrimonio custodito nella casa comprende inoltre i suoi sigari, i bastoni, il salone, i mobili e il suo archivio che custodisce i documenti e la corrispondenza intrattenuta nel tempo con intellettuali e politici a livello mondiale.

I documenti e i libri offrono la possibilità di organizzare numerose mostre tematiche, come quella per il centenario di Proust o quella sulle dediche degli illustri apposte ai volumi donati a Bo. L'ingresso alla casa è gratuito e non è organizzato in orari, ma normalmente è consentito per occasioni ed eventi, o su richiesta di singoli gruppi, accompagnati dal personale dell'Università e della Fondazione. Raramente si misurano le affluenze, ma è stato predisposto un modulo per richiedere l'iscrizione ai canali di informazione sugli eventi che annovera diverse centinaia di iscritti.

La casa appartiene all'Università di Urbino ed è gestita dalla Fondazione Carlo e Marise Bo. Tutto il personale che lavora nella struttura è personale tecnico, amministrativo e bibliotecario dell'ateneo urbinate, coadiuvato e diretto dal Comitato scientifico (i cui membri sono selezionati anche tra esterni o personale dell'università in pensione). La Fondazione Bo si finanzia interamente con fondi pubblici, con bandi e pubblicazioni (realizzate a prezzi molto contenuti grazie alla collaborazione con l'editore universitario).

La Fondazione è stata costituita su intesa del Comune di Urbino, l'Università di Urbino e la Fondazione Cassa di Risparmio di Pesaro. Da qualche anno ha ottenuto anche il sostegno del Ministero della Cultura. Il suo patrimonio finanziario, in precedenza inerte, è attualmente fruttifero grazie a recenti investimenti. Le spese sono principalmente sostenute dall'Università, mentre la Fondazione ha acquisito il software gestionale, alcune opere e finanziato il restauro di libri.

Molti degli eventi organizzati sono pensati per intellettuali e appassionati, nonché per la città di Urbino, per consentire a tutti di godere della struttura con i suoi contenuti, di volta in volta esposti e valorizzati. Talora le iniziative vengono abbinate a spettacoli del Centro Teatrale Universitario (che si esibisce gratuitamente) e a letture dei testi di Bo. Saltuariamente sono allestite esposizioni, realizzate pubblicazioni, organizzati eventi legati ad altri autori, sempre in un'ottica di servizio alla cittadinanza, al territorio e alla cultura. Da ultimo, la sede ospita una copiosa attività convegnistica e per professionisti, uno degli aspetti desiderati da Bo per la casa, in modo da divenire luogo frequentato da studiosi di letterature europee moderne e contemporanee, fornendo spazi di lavoro e borse di studio.

La Fondazione Bo partecipa al Festival del Libro della Città, voluto e seguito da giornalisti letterari per via delle collaborazioni di Bo a vari quotidiani, tra cui il «Corriere della Sera». Anche gli intellettuali vicini a Bo nella vita e nell'attività, come Volponi, Antonini, Varese, Eco, Montale, Ungaretti, sono oggetto di ricerca ed eventi, che talvolta hanno anche favorito la donazione di libri e beni.

La gestione della casa è improntata all'idea che si debba sviluppare un turismo culturale e selezionato. Le attività organizzate sono soprattutto conferenze e mostre; le iniziative esperienziali sono invece più limitate e generalmente autonome, anche se è in corso di valutazione il progetto di aderire a un sistema di percorsi turistici delle città della cultura a livello regionale e nazionale, che richiami, ad esempio, le relazioni letterarie tra autori italiani e francesi del Novecento.

Conclusioni e implicazioni

L'analisi dei casi selezionati evidenzia un'eterogeneità e una differente maturità dei progetti di gestione e valorizzazione delle Case d'Autore analizzate, nonché nella loro partecipazione a portali nazionali, regionali, ma anche ad altri enti e reti di tipo museale, culturale, accademico e territoriale.

1. Casa Michetti Proprietà: Provincia di Pescara Gestione: Comune di Tocco da Casauria e Fondazione Michetti Descrizione: Casa natale del pittore Michetti, restaurata ma vuota Attività principali: Mostre, eventi legati all'artista Ingresso: Gratuito Collaborazioni/Network: Organizza Premio Michetti, collaborazioni locali Dipendenti/Volontari: 2 dipendenti della Fondazione, 10 volontari
2. Casa Fellini Proprietà: Comune di Gambettola Gestione: Gruppo di associazioni culturali Descrizione: Casa dei nonni di Fellini, usata come set per *8 e ½* Attività principali: Eventi legati a Fellini, mostre, spettacoli teatrali Ingresso: Gratuito, visitabile su richiesta Collaborazioni/Network: In via di creazione con il Museo Fellini Dipendenti/Volontari: 1 dipendente, 3 presidenti delle associazioni
3. Casa Licini Proprietà: Comune di Monte Vidon Corrado Gestione: Associazione culturale Descrizione: Dimora e studio dell'artista Licini Attività principali: Mostre, eventi artistici, laboratori Ingresso: € 5 Collaborazioni/Network: Informali, con musei e università Dipendenti/Volontari: 6 dirigenti, 10 volontari
4. Casa Pascoli Proprietà: Comune di San Mauro Pascoli Gestione: Comune di San Mauro Pascoli e Cooperativa Atlantide Descrizione: Casa museo di Giovanni Pascoli e Sede del Centro Studi Attività principali: Visite guidate, laboratori, eventi culturali Ingresso: € 3 Collaborazioni/Network: "Case Illustri" e Associazione Nazionale Case della Memoria Dipendenti/Volontari: 4 dipendenti comunali, 2 dipendenti cooperativa, 6 volontari
5. Casa Bo Proprietà: Università di Urbino Gestione: Fondazione Carlo Bo Descrizione: Casa dell'accademico Carlo Bo, sede della biblioteca e archivio Attività principali: Mostre, conferenze, attività di ricerca Ingresso: Gratuito Collaborazioni/Network: Inserita nell'Università di Urbino Dipendenti/Volontari: 2.5 dipendenti UNIURB, 10 membri comitato scientifico
Elementi chiave comuni Network: Collaborazioni con enti culturali locali o nazionali (es. musei, università) Attività: Mostre, eventi legati agli artisti, conferenze, laboratori Ingresso: Generalmente gratuito o a prezzo ridotto (€ 3-5) Gestione: Coinvolgimento di enti locali, fondazioni o associazioni Personale: Presenza significativa di volontari

Tab. 1. Risultati chiave dei casi di studio selezionati. Fonte: elaborazioni proprie.

Casa Michetti: la casa, gestita dalla Fondazione Michetti e dal Comune di Tocco da Casauria, presenta una situazione in fase di sviluppo, con progetti ancora in costruzione e una sinergia storico culturale tra il pittore Michetti e il poeta d'Annunzio da sfruttare. Le iniziative attuali sono concentrate principalmente sul Premio Michetti, con potenzialità di crescita legate alla valorizzazione del patrimonio artistico e storico della regione Abruzzo.

Casa Fellini: dopo un lungo periodo di abbandono, ha visto un rinnovato interesse da parte dell'Amministrazione comunale e delle associazioni, che stanno lavorando alla sua valorizzazione. La gestione è affidata a un collettivo di enti, con progetti incentrati su rassegne, spettacoli e collaborazioni artistiche.

Casa Licini: rappresenta un esempio di sinergia tra comunità locale e associazioni culturali per la promozione dell'eredità artistica di Licini. L'associazione si impegna da decenni nella promozione di attività, mostre e ricerca legate al pittore marchigiano, con una rete consolidata di contatti a livello nazionale e internazionale.

Casa Pascoli: è gestita dal Comune di San Mauro Pascoli e da una cooperativa, in sinergia con il Museo Multimediale Pascoli a Villa Torlonia, dove viene offerta un'esperienza immersiva nella vita e nelle opere del poeta. La collaborazione tra istituzioni è forte, sia all'interno del Comune sia con la residenza del poeta in Toscana, sia con altri enti a livello regionale e nazionale.

Casa Bo: custodisce la biblioteca personale di Carlo Bo e offre ai visitatori l'opportunità di immergersi nell'universo culturale dell'accademico. La gestione è affidata alla Fondazione Bo, che organizza mostre, eventi e aperture al pubblico per condividere la ricchezza del patrimonio librario e documentale di Bo con la comunità accademica, con esperti e appassionati nel territorio italiano e non solo.

In sintesi, si rilevano come elementi di rilievo nella mappatura delle Case d'Autore e nell'approfondimento dei modelli di business:

- le dotazioni patrimoniali e artistiche collegate:
  - archivio / centro documentazione;
  - biblioteca;
  - studio dell'artista;
  - effetti personali dell'artista;
  - giardini / spazi aperti;
- i servizi erogati (es. visite guidate, laboratori esperienziali, workshop);
- le fonti di finanziamento in numerosità e natura;
- i network e le collaborazioni per tipologia, numerosità, portata geografica e carattere permanente / saltuario;

– accordi/convenzioni con strutture esterne (es. ricettive);
– il pricing: ingresso gratuito/a pagamento;
– la raccolta di informazioni sui frequentatori/segmentazione;
– la presenza di volontari/studiosi della materia.

È proprio la numerosità e stabilità delle relazioni che consente di tratteggiare la formula di successo nella gestione di queste dimore. A ciò si aggiungono a pieno titolo: vitalità e propositività operativa, attenzione a un turismo anche educativo e scientifico, intercettazione di finanziamenti derivanti da bandi su progetti regionali e nazionali.

Altri temi emergenti sono la rilevanza della ricerca e l'autorevolezza della direzione: questi sono senza dubbio elementi su cui fare perno per la costruzione di occasioni di valorizzazione dell'eredità storica e personale degli artisti. Appare evidente, inoltre, il ruolo importante della digitalizzazione e della tecnologia per l'ottimizzazione gestionale delle case, nonché delle attività di servizi ai pubblici locali, nazionali e internazionali.

Nelle realtà meno strutturate o con minori risorse hanno grande valore i volontari, esperti o appassionati, che costituiscono una grande ricchezza per la Casa e per il prosieguo delle attività. Il mantenimento e l'espansione di questi gruppi di persone può essere la chiave di sviluppo di ulteriori relazioni con il pubblico, le scuole e i portatori di interesse.

Fabio Curzi – Sara Filippetti

RIFLESSIONI SULLE PRATICHE DI COSTRUZIONE DEL DATABASE *ATLANTE DELLE CASE D'AUTORE*

Questo contributo vuole essere una riflessione sulla costruzione del database *Atlante delle Case d'Autore* e su come competenze tecniche e conoscenza del dominio d'indagine abbiano interagito. Molto spesso, come si vedrà, queste interazioni hanno preso la forma di operazioni minime, ma che comunque hanno costretto a compiere valutazioni, scelte e correzioni di natura più sostanziale. I paragrafi del testo avranno lo stesso titolo delle fasi di lavoro sul database: pianificazione, raccolta dati, elaborazione e pulizia dei dati, analisi dei dati, raccolta dati sulle case (arricchimento), pubblicazione.

Pianificazione

Il progetto *Atlante delle Case d'Autore* si è posto un obiettivo diverso dalla mera mappatura dell'esistente. Invece di basarsi soltanto sulle risorse offerte dalle reti di case museo o sulla letteratura già pubblicata, ha inteso costruire uno strumento innovativo e ha condotto una ricerca per individuare strutture non ancora istituzionalizzate, ma con le potenzialità per divenire punti di riferimento per la valorizzazione dell'opera di autori e autrici. Al contempo, l'*Atlante* si proponeva di fornire elementi di valutazione economica e sociale agli attori pubblici e agli stakeholder per sviluppare politiche di promozione culturale e turistica dei territori.

Si possono qui richiamare due progetti che rappresentano sicuramente esempi di buone pratiche, pur seguendo un percorso di selezione molto diverso. La legge dell'Emilia-Romagna sulle Case di Illustri (Legge Regionale 2/2022), che riprende il marchio di qualità *Maison des Illustres* promosso dal Ministero della Cultura francese, riconosce quelle strutture che si occupano della promozione di «importanti esponenti del mondo della storia, della cultura, delle arti, della politica, della scienza e della spiritualità». Le tipologie di case o luoghi di lavoro ivi comprese possono spaziare dalle vere e proprie case museo fino a comprendere, ad esempio, i centri culturali, ma devono rispondere a una serie di requisiti specifici come l'apertura al pubblico per 60 giorni durante l'anno (40 per il marchio francese).

Nel nostro caso abbiamo scelto di costruire un'indagine bottom-up, individuando quante più figure autoriali possibili, che avessero avuto una relazione con i territori di Emilia-Romagna, Marche e Abruzzo. Successivamente si è proceduto ad un lavoro di selezione e ordinamento e da ultimo con la ricognizione puntuale di notizie intorno alle case dove autori e autrici fossero nati o morti, avessero vissuto o lavorato.

A differenza del termine "illustre", che copre più facilmente settori diversi tra loro, la scelta del termine "autore" poneva una serie di questioni nella definizione delle figure da individuare: sicuramente poeti e scrittori, sicuramente pittori e scultori, sicuramente i compositori di musica classica, ma più la ricerca prendeva forma e più il margine dell'autorialità si estendeva ad altre discipline e inoltre si faceva sfumato, richiedendo di operare delle scelte. A questo si aggiunga la questione di genere, che si è posta con una certa rilevanza in un contesto, come quello preso in esame per la creazione delle tassonomie, dove il genere maschile risultava predominante e sovrarappresentato.

Raccolta dati

Il principale strumento individuato per la prima fase della ricerca è stato il database di Wikidata, che permette interrogazioni ed estrazioni di dati molto sofisticate (Vrandečić – Krötzsch, 2014). Abbiamo quindi predisposto una interrogazione attraverso una query in linguaggio SPARQL, verificandone la correttezza formale e ottimizzandola con ChatGPT. Attraverso Wikidata Query Service, una pagina web in cui è possibile compilare ed eseguire la propria richiesta, abbiamo estratto i dati in formato CSV. Nell'esempio di seguito la query è impostata per individuare tutte le persone che sono nate o morte nelle Marche, o vi hanno vissuto o lavorato:

```
?persona wdt:P31 wd:Q5; # Persona
# PROVENIENZA
{ ?persona (wdt:P19/(wdt:P131*)) wd:Q1279. } # Nato nelle Marche
UNION
{ ?persona (wdt:P937/(wdt:P131*)) wd:Q1279. } # Ha lavorato nelle Marche
UNION
```

{ ?persona (wdt:P551/(wdt:P131*)) wd:Q1279. } # Ha vissuto nelle Marche
UNION
{ ?persona (wdt:P20/(wdt:P131*)) wd:Q1279. } # Morto nelle Marche.

P31 indica una qualsiasi istanza del tipo Q5, "umano". Q1279 indica la Regione Marche; P131 tutte le unità amministrative facenti parte di questo livello; P19, P937, P551, P20 il tipo di relazione che intercorre tra la persona e le unità amministrative.

Nella query è stata inserita una selezione delle professioni e occupazioni che possono rientrare nel termine "autore" potendo però selezionare solo quelle che sono già classificate da Wikidata.

PROFESSIONI LETTERARIE
Scrittore, Poeta, Curatore editoriale, Donna di lettere, Editore, Filosofo, Narratore, Saggista, Sceneggiatore, Scrittore di fantascienza, Poetessa, Giornalista

PROFESSIONI GRAFICHE, Pittore, Artista, Artista visuale, Creatore, Designer, Disegnatore, Fumettista, Grafico, Scrittore di fumetti, Architetto, Scultore

PROFESSIONI MUSICALI, Compositore, Musicista, Direttore d'orchestra, Direttore musicale

PROFESSIONI VARIE, Accademico, Autore, Critico, Regista cinematografico, Regista.

Si nota in questo elenco quanto anticipato riguardo alle questioni di genere, con le occupazioni quasi sempre declinate al maschile, al netto di notevoli eccezioni come "Poetessa" e "Donna di lettere", a cui non corrisponde un "Uomo di lettere" (Conroy, 2023).

Nonostante la scelta di operare su questo livello di dettagli rispetto ai luoghi e alle professioni, non sono mancate le criticità derivanti dalla qualità e omogeneità dei dati disponibili, in parte stemperate dall'aver operato sul territorio di tre regioni. Un caso esemplare è quello di Cecco d'Ascoli, il quale, vissuto tra Firenze e Bologna, nacque ad Ancarano, oggi in territorio abruzzese. Il suo soggiorno presso un monastero di Ascoli Piceno, pure ricordato da Wikipedia, non era inserito correttamente in Wikidata al momento dell'estrazione dei dati, e quindi Cecco non compariva tra i personaggi legati alle Marche. Questo tipo di *caveat* ci ha fatto subito comprendere la necessità di affiancare ai processi automatizzati una revisione esperta di quanto raccolto.

Sempre da Wikidata abbiamo estratto i dati relativi alle case museo delle tre regioni, per avere un termine di riferimento da usare nella ricerca. Tra queste è emersa la Casa Museo Mazzarino di Pescina, casa natale di Giulio Mazzarino. Il cardinale e Principale Ministro di Luigi XI è stato certamente uomo politico di primo piano nella storia europea e figura fondamentale anche nella vita culturale francese, e ovviamente presente in Wikidata, ma non è annoverato all'interno di nessuna delle categorie individuate nel nostro database, sollevando nuovamente il problema di definizione del concetto di "autore". In questo caso, abbiamo optato per estendere la categoria, includendo la sua casa natale di Pescina all'interno del database. Dopo questa prima indagine abbiamo raccolto le informazioni presenti in archivi molto diversi tra loro come gli OpenData messi a disposizione dalle Regioni, le associazioni tra case museo e fonti *grassroots* quali Tripadvisor e Google Maps. In questo modo sono emerse, accanto a strutture già attive, anche punti di interesse recensiti da turisti, in qualche caso non accessibili al pubblico.

Elaborazione e pulizia dei dati

Operando sui file CSV si è provveduto a normalizzare i dati e ad eliminare i duplicati, integrandovi le informazioni raccolte sulle case museo esistenti. Per mettere a disposizione i materiali all'equipe abbiamo utilizzato un repository GitHub.

Per la fase di ordinamento dei risultati, accanto ai dati biografici degli autori (date di nascita e morte) sono stati estratti da Wikidata alcuni criteri per stabilire quali fossero le figure più rilevanti e più note, allo scopo di facilitare le fasi di indagine successive.

Sono stati quindi raccolti i link che collegano Wikidata alle risorse enciclopediche online *Dizionario Biografico degli Italiani*, *Enciclopedia Treccani*, *Sapere - Enciclopedia De Agostini*, *Enciclopedia Britannica* e all'ontologia Viaf.org. La presenza di questi collegamenti testimonia una qualche notorietà da parte delle figure presenti in Wikidata.

Abbiamo poi richiesto il numero di sitelink riferiti ad ogni voce. La definizione che ne offre Wikidata è: «i sitelink (conosciuti anche come collegamenti interlinguistici) sono link speciali che dirottano da elementi individuali in Wikidata a pagine su altri siti Wikimedia come Wikipedia, Wikisource e Wikivoyage». Si tratta, nel nostro caso, del numero delle pagine che citano l'autore o l'autrice nei diversi siti e lingue pubblicati da Wikimedia. Questo criterio di ordinamento segue un principio di notorietà che è stato utile per organizzare le fasi successive della ricerca, ma non sufficiente a risolvere i problemi già individuati nella fase di raccolta e prima analisi dei dati.

Regione	Persona	Donne	Donne %	Sitelink	Treccani	DBI	De Agostini	Britannica	VIAF
Marche	1385	108	7,80%	1105	209	411	126	51	1086
Emilia-Romagna	5271	437	8,29%	4353	68	1622	493	233	4004
Abruzzo	721	52	7,21%	597	84	137	35	14	516
Totale	7377	597	8,09%	6055	361	2170	654	298	5606

La tabella mostra il numero di Persone individuate, il numero di donne presenti nella raccolta, e il conteggio delle persone che hanno almeno un sitelink alla pagina o una voce nelle varie risorse esterne. Anche da questa rapida ricognizione è possibile rilevare come Wikidata offra un numero molto maggiore di record rispetto a tutte le altre basi di dati, soprattutto quelle che derivano da opere a stampa.

Analisi dei dati

I dati, divisi su base regionale, sono stati quindi affidati all'equipe del progetto, che ha proceduto alla classificazione e alla verifica della qualità delle informazioni raccolte. La revisione esperta è stata condotta seguendo un documento di policy interno che chiedeva di attribuire punteggi da 0 a 5 in base a diversi criteri:

- Presenza in enciclopedie e ontologie
- Numero di sitelink
- Fonti
- Anno di morte
- Esistenza in vita (criterio di esclusione dalla ricerca).

Per i criteri del progetto, infatti, i viventi non rientrano negli scopi della ricerca, mentre l'anno di morte è stato impiegato come criterio di probabilità nell'individuazione delle case, ritenendo l'antichità come un fattore negativo alla sopravvivenza delle stesse.

Raccolta di informazioni sulle case

La graduatoria ottenuta è stata utilizzata per stabilire l'ordine con il quale procedere. A partire dagli autori e dalle autrici che avevano ottenuto

5 punti, l'indagine ha utilizzato in primo luogo i dati biografici e i link alle fonti enciclopediche. Nel migliore dei casi in esse è già contenuto l'indirizzo, mentre nel peggiore è indicata solamente la relazione con una o più città. Di conseguenza, il *modus operandi* è stato quello di utilizzare come chiave di ricerca il nome dell'autore, unito a quello delle diverse città, al fine di trovare eventuali articoli di quotidiani locali, pagine di studiosi e blog di vario genere, che presentassero riferimenti utili. In questo modo, nonostante la possibilità di rinvenire l'indirizzo preciso fosse ugualmente remota, è stato possibile estrarre dati interessanti, come la denominazione del palazzo, a cosa fosse vicino (monumenti, piazze, ristoranti, negozi…), se ha ospitato altri personaggi importanti, l'indicazione dell'indirizzo originario prima che cambiasse nome ecc.

Lo step successivo ha interessato la verifica delle informazioni ottenute tramite l'utilizzo incrociato di Google Maps e il servizio Street View. Il primo è servito per assicurarsi della veridicità delle vie e per controllare che un determinato domicilio fosse ancora in piedi, ed eventualmente con quale funzione: residenza privata, casa museo o altro. Inoltre, ha permesso che si potesse prendere nota delle coordinate precise di ogni luogo analizzato (quindi latitudine e longitudine). Il secondo è stato fondamentale per ottenere dei risultati ancora più certi grazie alla funzionalità Street View, la quale permette di avere una visione a 360 gradi di qualsiasi strada. Così facendo, a partire dalle indicazioni reperibili online, è stato possibile "aggirarsi" per le città degli autori fino a trovarne le abitazioni, spesso rese note da targhe affisse sulle mura delle stesse.

Lo studio ha preso avvio dall'analisi delle personalità delle Marche con un punteggio pari a 5, è poi continuato con l'Abruzzo e l'Emilia-Romagna, e si è proceduto progressivamente con i personaggi dai punteggi inferiori. Nella fase iniziale i risultati sono stati incoraggianti: più il punteggio attribuito era alto, infatti, e maggiore è stata la facilità nella ricerca delle case d'autore. A partire dai personaggi con 3 punti si è invece osservato un notevole calo nei risultati, con un'ulteriore diminuzione per quelli con punteggi ancora più bassi.

Per la raccolta dei dati, è stata creata la tabella "Struttura Case" su Fogli Google contenenti le seguenti categorie: ID Casa (codice identificativo del domicilio, per renderlo immediatamente riconoscibile e individuabile in vista di un inserimento in un database digitale); nome dell'autore; Comune in cui è presente la casa; Provincia; Regione; descrizione della casa (in che stato si trova, se è vicina a qualcosa di rilevante, se vi è una targa); indirizzo; latitudine; longitudine; situazione (se la residenza è privata, se è di proprietà del Comune, se ospita un museo ecc.); residente/i; relazione (se si tratta della casa natale oppure della casa delle vacanze, una casa in cui l'autore ha vissuto per un periodo della sua vita, la casa in cui è deceduto ecc.).

Attualmente sono registrate nel file 170 abitazioni, molte già adibite a casa museo, di cui 16 in Abruzzo, 56 nelle Marche e 98 in Emilia-Romagna.

Pubblicazione

La pubblicazione dell'*Atlante delle Case d'Autore* è stata realizzata su un sito sviluppato in Django, framework di Python che garantisce velocità nell'interrogazione del database, e con il CMS Wagtail. La scelta di privilegiare la velocità è dovuta alla previsione di poter inserire in fasi successive altre case d'autore, ampliando la base di dati.

Per la comunicazione del progetto è stato realizzato un logo che richiama la lettera A di autore e rappresenta una casa racchiusa in un segnaposto di un punto di interesse.

Attualmente è possibile navigare l'*Atlante* sia tramite una mappa alla quale si applicano i filtri in base al genere e alla professione svolta da autori e autrici, sia, in alternativa, attraverso una ricerca libera all'interno del database.

Per ciascuna casa è disponibile una scheda descrittiva che contiene le informazioni principali e i collegamenti alla casa museo o ad altre attività accessibili al pubblico, insieme ai dati biografici sull'autore o sull'autrice.

Nella sezione «Percorsi», infine, sono stati delineati degli itinerari culturali elaborati dall'équipe del progetto. Questi percorsi si configurano come strumenti utili per la promozione turistica, offrendo ai visitatori l'opportunità di esplorare le ricchezze artistiche e culturali della zona da punti di vista inediti, rendendo più accessibile la scoperta delle opere e delle case degli autori, contribuendo a valorizzare il patrimonio locale e incoraggiando un maggiore afflusso di turisti interessati a vivere esperienze autentiche.

1
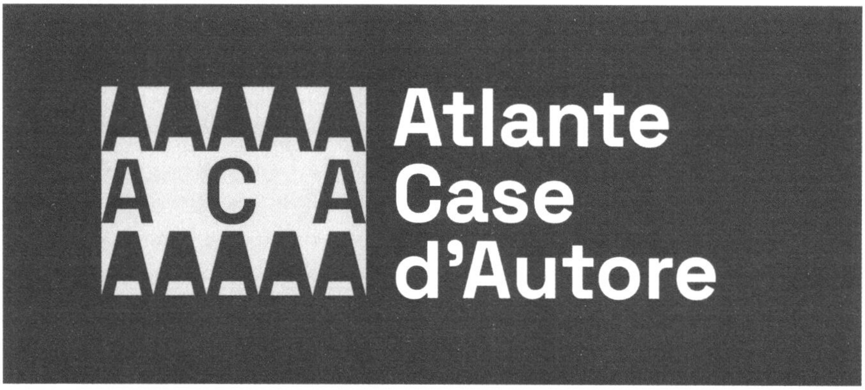

2
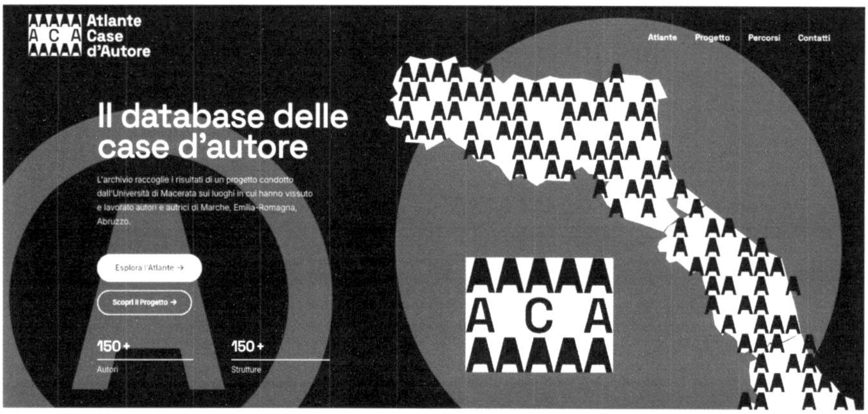

3
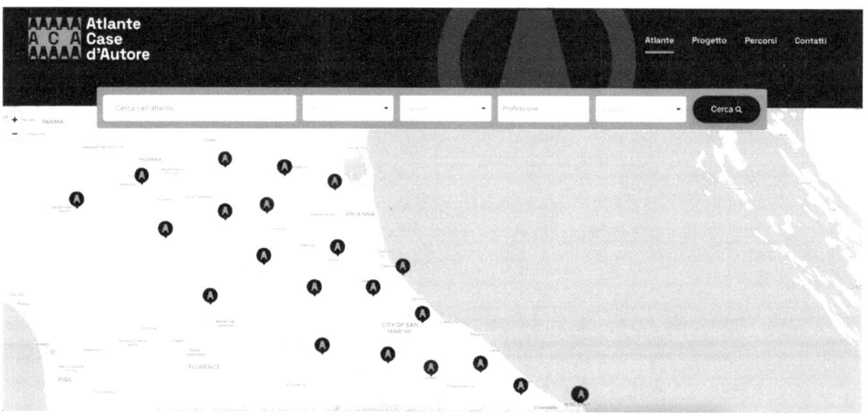

Fig. 1. Logo del sito web ACA – *Atlante delle case d'autore*. Fig. 2. Homepage del sito. Fig. 3. Aspetto della mappa nel sito.

BIBLIOGRAFIA

a cura di Valentina Pagnanini

Bibliografia generale

Bauzano Gianluca, Bianchi Alessandra (a cura di), *Case di uomini illustri. Dove, come, quando scoprire e visitare tesori nascosti d'Italia*, Milano, Viennepierre, 1996.

Bibbò Cecilia, *Le case museo dei musicisti e il turismo musicale*, in *Case museo. Tra consonanze e differenze*, a cura di Maria Giuseppina Di Monte *et al.*, Roma, De Luca, 2021, pp. 109-114.

Bongarzoni Oretta, *Guida alle case celebri*, Bologna, Zanichelli, 1985.

Coletto Gilberto, *Case di scrittori: guida alle case museo, centri di studio, associazioni amici di scrittori d'Italia*, Padova, Literary Libreria padovana, 2005.

De Poli Aldo, *Tre questioni per la valorizzazione di una casa museo: la conservazione apparente, la costruzione di un paesaggio d'autore e la restituzione simbolica di un luogo perduto*, in *Tra universo privato e spazio pubblico: case di artisti adibite a museo*, Atti del Convegno annuale dell'Associazione svizzera degli storici e delle storiche dell'arte (Museo Vincenzo Vela, 9-11 ottobre 2009), a cura di Gianna A. Mina, Sylvie Wuhrmann, Ligornetto, Ufficio Federale della Cultura, Museo Vincenzo Vela, 2011, pp. 239-254.

De Poli Aldo – Piccinelli Marco – Poggi Nicola, *Dalla casa-atelier al museo. La valorizzazione museografica dei luoghi dell'artista e del collezionista*, Milano, Lybra Immagine, 2006.

Kannès Gianluca (a cura di), *Case museo ed allestimenti d'epoca: interventi di recupero museografico a confronto*, Atti del Convegno di studi (Saluzzo, 13-14 settembre 1996), Torino, Centro studi piemontesi, 2003.

Kannès Gianluca – Feraboli Maria Teresa (a cura di), *L'igiene e le sale da bagno nelle case museo. Oggetti, spazi, consuetudini*, Milano, Comune di Milano, 2021.

Leoncini Luca – Simonetti Farida, *Abitare la storia. Le dimore storiche-museo: restauro, sicurezza, didattica, comunicazione*, Atti del Convegno internazionale (Genova, 20-22 novembre 1997), Torino, Allemandi, 1998.

Mantovani Michela, *Le pubbliche utilità culturali: dimore storiche, ville, borghi*, in Francesco Forte, Michela Mantovani, *Manuale di economia e politica dei beni culturali*, Rubbettino, Soveria Mannelli, 2004, pp. 539-602.

Mariani Davide, *Dallo studio d'artista al museo. Gli* atelier *di Brancusi, Bacon, Morandi e Zauli*, Roma, Aracne, 2021, pp. 45-57 e 77-123.

Pavoni Rosanna, *Towards a definition and typology of historic house museums*, «Museum International», CCX, 2, 2001, pp. 16-21.

—, *Le case museo come risorsa del territorio*, in *Il turismo culturale europeo. Prospettive verso il 2020*, a cura di Roberta Garibaldi, Milano, FrancoAngeli, 2012, pp. 90-100.

—, *Case Museo in Italia. Nuovi percorsi di cultura: poesia, storia, arte, architettura, musica, artigianato, gusto, tradizioni (Arti visive, architettura e urbanistica)*, Roma, Gangemi, 2016.

Pavoni Rosanna – Scarpellini Emanuela (a cura di), *Le cucine nelle case museo*, Milano, Commissione Case Museo ICOM Italia-Centro di ricerca MIC (Moda, Immagine e Consumi)-Università degli Studi di Milano, 2019.

Rigoli Adriano, Gulyás Gabriella, *Le case della memoria italiane e ungheresi: una risorsa condivisa per la cultura*, Lastra a Signa, Associazione Villa Caruso, 2013, pp. 58-85.

Valenzuela Consuelo, *Guida alle più belle case di artisti in Italia*, prefazione di Cinzia Tani, Viterbo, Stampa Alternativa, 2016.

Abruzzo

Arbace Lucia (a cura di), *La casa natale di Gabriele d'Annunzio nella vecchia Pescara*, Pescara, ZiP, 2011.

D'Angio Antonio (a cura di), *Palazzo Sipari a Pescasseroli, casa-museo della Fondazione Erminio e Zel Sipari*, «Studi cassinati», XI, 2, 2011, pp. 151-152.

Di Mattia Alina, *Fare storia nel territorio. La Public History e la cultura partecipativa attraverso l'esperienza della Casa Museo Giulio Raimondo Mazzarino in Abruzzo*, Milano, StreetLib, 2024.

Fondazione Fonticoli e ForModa, Soprintendenza al PSAE dell'Abruzzo (a cura di), *«... L'abito che portava». Museo casa natale di Gabriele d'Annunzio*, Penne, Brioni Roman Style, 2008.

Mancini Renzo, *Corradino d'Ascanio e la sua casa natale*, in *Viaggiare negli Abruzzi. La via Valeria: le sorgenti del Pescara, la Valle dell'Orta, Casauria, la Valle del Pescara, Alanno e gli albanesi, la Majella pescarese, Chieti, Penne e il Pennese*, Pescara, Textus, 2006, pp. 48-49.

Museo civico Basilio Cascella, testi di Anna Rita Severini, Pescara, Museo civico Basilio Cascella, 2007.

Renzetti Lino, *La casa natale di Gabriele D'Annunzio: ieri, oggi*, Chieti, Solfanelli, 1989.

Sibilia Salvatore, *Una proposta per la Casa di Gabriele D'Annunzio a Pescara*, «Rivista abruzzese. Rassegna trimestrale di cultura», VII, 3, 1954, pp. 87-90.

Tunzi Pasquale, *Disegni della Casa natale di Gabriele d'Annunzio negli Archivi della Fondazione Il Vittoriale degli Italiani*, presentazione di Giordano Bruno Guerri, Villamagna, Tinari, 2014.

—, *Tra parola e immagine: i progetti di casa d'Annunzio a Pescara*, «Opus. Quaderno di storia architettura restauro disegno», II, 2018, pp. 63-86.

Emilia-Romagna

Aldini Tobia (a cura di), *La casa Natale di Pellegrino Artusi*, «Forlimpopoli. Documenti e Studi», XIII, 2002, pp. 136-155.

ARISI FERDINANDO, *La Galleria Alberoni di Piacenza*, Piacenza, Industria Cementi Giovanni Rossi, 1991.

BALLESTRACCI CLAUDIO, *La casa di Rossini a Lugo. Crescendo - il museo del genio adolescente*, in *Rappresentare scrittura e musica: forme dell'esporre nei musei letterari e di musicisti*, Atti della Giornata di studio (Pieve Santo Stefano, 9 novembre 2019), a cura di Michela Guarino, Bologna, Istituto per i Beni Artistici Culturali e Naturali della Regione Emilia-Romagna - Milano, ICOM, 2020, pp. 64-70.

—, *Le pagine prendono il volo*, «IBC», XXV, 4, 2017.

BALZANI ROBERTO, *A Villa Saffi con Roberto Balzani*, «IBC», XX, 2012.

BASSI DAVIDE (a cura di), *Museo Casa Natale Arturo Toscanini*, in collaborazione con Michele Corsello, Nicola Luberto, Milano, Mazzotta, 2002.

BAZZOCCHI MARCO ANTONIO, *A Casa Panzini con Marco Antonio Bazzocchi*, «IBC», XX, 2, 2012.

BAZZOCCHI MARCO ANTONIO – GASPERINA GERONI RICCARDO, *Alfredo! Alfredo! Storie di Panzini e della Casa Rossa*, Bologna, Pendragon, 2021.

BEDESCHI AURORA – MARINI MARINO, *Guida alla casa di Vincenzo Monti. Note biografiche del poeta. Notizie storiche riguardanti Alfonsine e Fusignano*, Fusignano, Morandi, 1978.

BELLOSI GIUSEPPE, *Tra le domestiche carte*, «IBC», XX, 2, 2012.

BENASSATI GIUSEPPINA, *Dal 'tesoro' al thesauro. Per uno "studio disteso" dell'Archivio di Giovannino Guareschi*, in *Le carte di Giovannino. Prime indagini sui materiali dell'archivio Guareschi*, a cura di Giuseppina Benassati, Bologna, Bononia University Press, 2008, pp. 11-38.

Benvenuti a Casa Artusi, Forlimpopoli, Casa Artusi, 2007 («Quaderni di Casa Artusi», 1).

BERTELLI ELENA, *Stile di vita, stile nell'arte: invito a Villa Bighi*, «IBC», XVII, 1, 2009.

BERTI FEDE (a cura di), *La raccolta archeologica della Casa Museo Remo Brindisi*, Ferrara, Este Edition, 2010 («Anecdota. Quaderni della Biblioteca Lodovico Antonio Muratori, Palazzo Bellini, Comacchio», 20.1).

BOLOGNESI DANTE, *Una rete libera*, «IBC», XX, 2, 2012.

BOLOGNESI DANTE – RICCI MANUELA (a cura di), *Le case museo dei poeti e degli scrittori di Romagna: "la casa sa ch'io sono uno scrittore"*, Lugo, Pro Arte, 2008.

BORTOLOTTI LIDIA – RUFFONI LAURA, *A casa di Remo Brindisi*, «IBC», XVII, 1, 2009.

BOSCO ALESSANDRA – LA MAIDA ELENA – ZANNONI MICHELE, *La valorizzazione del circuito delle case museo dei poeti e scrittori di Romagna attraverso strumenti di comunicazione condivisa*, in *L'ospite assente. Strategie di comunicazione per i musei letterari e di musicisti*, Atti della Giornata di studio (Roma, 26 ottobre 2018), a cura di Michela Guarino, Isabella Fabbri, Bologna-Milano, Istituto per i Beni Artistici Culturali e Naturali della Regione Emilia-Romagna-ICOM, 2019, pp. 12-18.

BRUNI ARNALDO, *A Casa Monti con Arnaldo Bruni*, «IBC», XX, 2, 2012.

CALCIOLARI ALBERTO – FABBRI ISABELLA, *Emilia Romagna degli scrittori*, «IBC», XXV, 3, 2017.

CALZINI RAFFAELE, *Alla casa di messer Ludovico Ariosto*, «La Lettura», VII, luglio 1909, pp. 602-604.

CARRARA GIORGIO, *La Fondazione Museo Glauco Lombardi*, in *Dalla casa al museo. Capolavori da fondazioni artistiche italiane*, Milano, Electa, 1981, pp. 43-49.

CASOLARI MASSIMO, *Casa Spallanzani: analisi e rilievi per un restauro*, Firenze, Alinea, 1991.

CATALANO MICHELE, *La casa paterna di Ludovico Ariosto*, «Rassegna», XXVI, 3, 1918, pp. 161-169.

CENNI GIOVANNI, *Casa di Oriani*, «Accademie e istituti di cultura, opera edita dal ministero dell'educazione nazionale», XVII, 1938, pp. 119-128.

CITTADELLA LUIGI NAPOLEONE, *La casa di fra Girolamo Savonarola in Ferrara*, Ferrara, Taddei, 1873.

COMINATO MARTA – GHELFI BARBARA – GALLI DANIELE, *La casa del Guercino a Bologna*, Bologna, Pendragon, 2019.

CORTELLESSA ANDREA, *Introduzione*, in *Giorgio de Chirico. La casa del poeta*, a cura di Andrea Cortellessa, Milano, La nave di Teseo, 2019, pp. 19-63.

CREMANTE RENZO, *A Casa Moretti con Renzo Cremante*, «IBC», XX, 2, 2012.

D'ACCARDI VALENTINA, *Bellaria reportage con gli occhi di Panzini*, Bologna, Pendragon, 2016.

DIRANI ENNIO, *Al Cardello di Oriani con Ennio Dirani*, «IBC», XX, 2, 2012.

FABBRI ISABELLA, *Due progetti regionali e alcune considerazioni*, in *Rappresentare scrittura e musica: forme dell'esporre nei musei letterari e di musicisti*, cit., pp. 25-28.

FERORELLI VITTORIO, *Luigi Magnani: i capolavori sono angeli*, «IBC», XXV, 1, 2017.

FONDAZIONE PAVAROTTI, *Casa Museo Luciano Pavarotti*, Casalecchio di Reno, Fondazione Luciano Pavarotti, 2021-2022.

FUTURE SYSTEMS, SHIRO STUDIO, *Museo casa Enzo Ferrari, Modena*, Milano, Electa architettura, 2012.

GANDINI ROBERTO, *Lazaro Spallanzani. Notizie sulla famiglia e la casa natale di Scandiano*, Scandiano, Grafiche Pioppi, 1988.

GIORGI EMILIO, *I restauri alla "Casa del Muratori"*, in *Aedes Muratoriana*, Modena, Società Tipografica Modenese, 1931, pp. 13-17.

GNUDI MARTHA F. TEACH, *The "Casa e Biblioteca Carducci" at Bologna*, «Italica», X, 2, 1933, pp. 38-42.

GORI MARIACRISTINA – LODOVICI MASSIMO, *Casa Saffi: l'architettura, l'arte e la memoria nell'Istituto per la storia della resistenza e l'età contemporanea di Forlì-Cesena*, Cesena, Società Editrice "Il Ponte Vecchio", 2006.

GREGORIO MARIA, *Dove abitano gli spiriti della carta*, in *Case museo. Tra consonanze e differenze*, a cura di Maria Giuseppina Di Monte *et al.*, Roma, De Luca, 2021, pp. 85-92.

GREGORIO MARIA – BALLESTRACCI CLAUDIO, *La Casa di Rossini a Lugo: genesi di un museo polifonico*, «DigItalia», XVI, 2, 2021, pp. 145-150.

GRILLI ALFREDO, *Dalla casa alla tomba di Gaspare Spontini (1774-1851)*, «La Romagna», I, 5-6, 1910, pp. 1-14.

GUARINO MICAELA, *Officina Zauli: ceramica in azione*, «IBC», XVII, 1, 2009.

GUERRA TONINO, *La casa dei mandorli*, a cura di Ruta Giannini, prefazione di Giancarlo Mazzucca, Argelato, Minerva, 2012.

Il restauro dei luoghi verdiani. Da Roncole a Sant'Agata passando da Busseto, Bologna, Istituto per i beni artistici culturali e naturali, 2001.

LAGAZZI PAOLO, *La casa del poeta. Ventiquattro estati a Casarola con Attilio Bertolucci*, prefazione di Bernardo Bertolucci, Milano, Garzanti, 2008.

LAGORIO PAOLA PESCERELLI, *Casa Museo Raffaele Bendandi di Faenza*, Ravenna, Provincia di Ravenna, 2014.

LOMBARDI GLAUCO, *Come ho formato il mio museo*, in *Fondazione Museo Glauco Lombardi*, a cura di Giovanni Godi, Giorgio Carrara, Parma, Step, 1991, pp. 9-13.

LUBERTO NICOLA, *Museo Casa natale Arturo Toscanini*, Parma, Step, 2020.

LUCCI LUCIANO, *Alla scoperta di Casa Monti*, «Gentes di Alfonsine», n. 60, gennaio 2012, p. 5.

MINGARDI CORRADO (a cura di), *Il Maestro in Villa. Giuseppe Verdi a Sant'Agata*, Parma, Step, 2011.

MINGARDI CORRADO (a cura di), *Roncole Verdi, Sant'Agata*, in *I luoghi verdiani. Busseto, Roncole Verdi, Sant'Agata*, Milano, Franco Maria Ricci, 2001, pp. 21-24.

MOTTADELLI ROBERTO, *Viva Villa Verdi*, Viterbo, Laboratorio rosso, 2013.

MUSCOLINO CETTY, *Casa Romei: una dimora rinascimentale a Ferrara*, Imola, University press Bologna, 1989.

PAGANI UMBERTO, *Casa Museo Vincenzo Monti di Alfonsine*, Ravenna, Provincia di Ravenna, 2002.

PICCININI DANIELA – RAFFAELLI FABIO, *Le case degli artisti in Emilia-Romagna. Pittori, scrittori, musicisti*, Bologna, Pendragon, 2014.

PIRACCINI ORLANDO (a cura di), *Casa museo Remo Brindisi. Una collezione d'artista. Dall'archivio all'inventario*, con la collaborazione di Antonella Campagna, Bologna, Compositori, 2005.

PIRACCINI ORLANDO – RUFFONI LAURA (a cura di), *Lido di Spina: Casa Museo Remo Brindisi: ambiente, architettura, arte, design*, Faenza, EDIT, 2014.

RICCI MANUELA, *Casa Moretti: spazio per scrivere (e dipingere)*, «IBC», XVII, 1, 2009.

— (a cura di), *Strano, ci sono anch'io. Visita a Casa Moretti di Cesenatico*, Ravenna, Casa Moretti, 2010.

SANTUCCI SIMONETTA, *Casa Carducci*, in *Carducci e i miti della bellezza*, a cura di Marco Antonio Bazzocchi, Simonetta Santucci, Bologna, Bononia University Press, 2007, pp. 24-39.

—, *La casa sa ch'io sono uno scrittore*, Cesenatico, Casa Moretti, 1994.

SARDO ANDREA (a cura di), *Ferrara. Il museo di Casa Romei*, Cinisello Balsamo, Silvana Editoriale, 2019.

SAUTTO ALFONSO, *La casa dove nacque e abitò Fra Girolamo Savonarola*, Rovigo, S.T.E.R., 1953.

SCAPPINI CRISTIANA – TORRICELLI MARIA PIA, *Lo Studio Aldrovandi in Palazzo Pubblico (1617-1742)*, a cura di Sandra Tugnoli Pattaro, Bologna, CLUEB, 1993.

SERAFINI DANIELE (a cura di), *Museo Francesco Baracca di Lugo*, Ravenna, Provincia di Ravenna, 2002.

TAMASSIA PATRIZIA, *Case-museo tra Emilia e Romagna*, «IBC», XVII, 1, 2009.

UCCELLI VITTORIO, *La casa del poeta. Il progetto di architettura nella Casarola di Attilio Bertolucci*, Firenze, Aion, 2016.

VALGIMIGLI MANARA, *Carducci allegro*, a cura di Maria Vittoria Ghezzo, con un fotoracconto su Casa Carducci di Renzo Renzi, Antonio Masotti, Bologna, Cappelli, 1955.

VITTONATTO GIORGIA, *Il capanno di Garibaldi. Culto del Risorgimento, memoria locale e cultura politica a Ravenna*, introduzione di Roberto Balzani, Ravenna, Longo, 2005.

ZACCARINI DONATO, *Casa Romei e la vita privata ferrarese nel secolo XV*, Ferrara, Studio Editoriale Ferrarese, 1922.

Zauli Matteo (a cura di), *Museo Carlo Zauli di Faenza*, Ravenna, Provincia di Ravenna, 2005.

Marche

Antonelli Angelo, *Matelica. Museo Piersanti*, Bologna, Calderini, 1998.

Bigiaretti Sennen – Antonelli Angelo (a cura di), *Catalogo generale del Museo Piersanti*, Matelica, Museo Piersanti, 1997.

Bigiaretti Sennen, *Il Museo Piersanti in Matelica: catalogo-guida*, con prefazione di mons. Andrea Cassulo, Firenze, Tipografia domenicana, 1917.

Bracalente Stefano, *Licini oltre la geometria: una primordiale genesi del mondo*, in *La regione delle madri. I paesaggi di Osvaldo Licini*, con la collaborazione di Stefano Bracalente, Milano, Electa, 2020, pp. 175-192.

Brancati Antonio – Benelli Giorgio, *Andrea Perticari di Savignano sul Rubicone. Il conte che fece l'illustrissima Casa Perticari di Pesaro*, Pesaro, Biblioteca d'arte Signoretti, Palazzo Perticari, 2022.

Cagli Bruno – Bucarelli Mauro (a cura di), *La casa di Rossini: catalogo del museo*, Modena, Panini, 1989.

Capponcelli Paolo, *Il Museo Nazionale Gioachino Rossini a Pesaro. Descrizione del percorso espositivo e dell'allestimento*, in *Rappresentare scrittura e musica: forme dell'esporre nei musei letterari e di musicisti*, cit., pp. 58-63.

Casa Leopardi, *Il giovane Giacomo. Oggetti e documenti che narrano la storia della famiglia e del poeta*, Recanati, Giacomo Giacomo, 1995.

Cegna Mariolina – Rotili Milena, *Guida al Museo Piersanti. Matelica*, presentazione di Pietro Zampetti, Fabriano, APT, 1998.

Cervetti Valerio, *Museo casa natale Filippo Corridoni*, Pollenza, Tipografia S. Giuseppe, 2010.

Cucco Giuseppe (a cura di), *Casa natale di Raffaello, Urbino*, Urbino, Accademia Raffaello, 1997.

Cucco Giuseppe – Cesarini Antonella, *Fossombrone. Quadreria Cesarini*, Bologna, Calderini, 1998.

Flamini Giuseppina – Mariotti Amelia, *Senigallia Museo Pio IX e Museo Diocesano*, Bologna, Calderini, 1991.

Giobbi Maria Paola – Lagana Franco, *Guida al Museo Biblioteca Francesco Antonio Marcucci, al Convento e alla chiesa dell'Immacolata*, Ascoli Piceno, Istituto Suore pie operaie dell'Immacolata Concezione, 2006.

Kannès Gianluca – Palmolella Marco, *Una residenza patrizia in un piccolo centro delle Marche: la Casa Museo Gaspare Spontini a Majolati*, in *L'igiene e le sale da bagno nelle case museo. Oggetti, spazi, consuetudini*, a cura di Gianluca Kannès, Maria Teresa Feraboli, Milano, Comune di Milano, 2021, pp. 134-137.

Mariotti Bruno – Straccini Silvano, *Casa Rossini a Pesaro: il nuovo allestimento*, «IBC», XXV, 4, 2017.

Martellini Manuela, *Antonio Bonfini: un umanista alla corte di Mattia Corvino*, Viterbo, Sette città, 2007.

Mencucci Angelo, *Il Palazzo Mastai. Senigallia: guida storico-artistica del Museo Pio IX Pinacoteca diocesana Centro di cultura*, Senigallia, Editrice tipografia marchigiana, 1978.

Moroni Paolo, *Giuseppe Persiani*, «Il casanostra. Strenna recanatese», CIII, 87, 1970, pp. 49-57.

Mozzoni Loretta (a cura di), *Casa museo Adriano Colocci*, Ancona, Affinità Elettive, 2021.

Musei Civici Pesaro, *Casa Rossini*, Pesaro, Comune di Pesaro, 2003.

Palmolella Marco, *Riaperto il Museo Gaspare Spontini: una breve storia dell'edificio e alcuni documenti del corredo museale*, «Quaderni storici esini», VII, 2016, pp. 97-130.

Papetti Stefano, *Dimore gentilizie aperte al pubblico: tre casi marchigiani*, in *Case Museo, famiglie proprietarie e loro collezioni d'arte. Esperienze a confronto*, a cura di Ruggero Ranieri, Perugia, Fondazione Ranieri di Sorbello, 2014, pp. 97-106.

—, *Nel Segno dell'Arte: da Annibal Caro alla raccolta di Luciano Moretti*, in *Pinacoteca civica. Galleria d'arte moderna Marco Moretti*, catalogo a cura di Stefano Papetti, Civitanova Marche Alta, Fondazione Carifermo, 2004, pp. 11-15.

Pernici Luca (a cura di), *Le stanze di un pontefice. Pio VIII - Cingoli, Palazzo Castiglioni*, Mostra celebrativa per i 250 anni dalla nascita di Francesco Saverio Castiglioni (Cingoli, Palazzo Castiglioni, 24 agosto-23 ottobre 2011), catalogo a cura di Luca Pernici, con la consulenza scientifica di Gabriele Barucca, Cingoli, Ilari, 2011.

Pontiggia Elena – Torelli Landini Enrica (a cura di), *Osvaldo Licini: tra le Marche e l'Europa*, Cinisello Balsamo, Silvana Editoriale, 2008.

Prete Cecilia, *Studioli, guardarobe, gallerie e case-museo nelle Marche: dal collezionismo privato alla fruizione pubblica*, in Annamaria Ambrosini Massari, *Il filo di Arianna: raccolte d'arte dalle fondazioni casse di risparmio marchigiane Jesi, Macerata, Pesaro*, Milano, Motta, 2000, pp. 70-87.

Rossi Francesco (a cura di), *Quadreria Cesarini. Catalogo e itinerario di visita*, Fossombrone, Comune di Fossombrone, 2003.

Sartore Anna Rebecca, *"Una casa da cielo a terra": storia del Palazzo Pellegrini Piersanti dalle origini all'ampliamento settecentesco*, in *Il Museo Piersanti e la sua collezione. Studi e ricerche per i 100 anni dalla nascita*, Atti del Convegno (Matelica, 17 e 18 febbraio 2018), a cura di Giulia Spina, Fermo, Andrea Livi, 2021, pp. 15-44.

Scafetta Valeria (a cura di), *Casetta Vaccaj: la storia continua*, [s.l., s.n.], 2021 («Quaderni del Consiglio regionale delle Marche», 2021/358).

Vagnini Claudio, *Case museo delle Marche*, Cartoceto, Conte Camillo, 2020.

Vastano Agnese – Diotallevi Daniele (a cura di), *Papa Castiglioni: suoi ricordi a Cingoli*, Cingoli, Tipolito Mazzini, 1992.

Volpe Gianni, *Tre ganci e una stanga nella casa di Raffaello a Urbino*, Urbino, Accademia Raffaello, 2023.

Zazzarini Nello, *Il Palazzo Mastai. Guida storico-artistica*, Senigallia, Tipografia marchigiana, 1960.

Sitografia generale

Associazione Nazionale Case della memoria: https://www.casedellamemoria.it/it/

Case Museo delle Marche: https://www.casemuseomarche.it/

Coordinamento Case Museo dei Poeti e degli Scrittori di Romagna: https://www.casemuseoromagna.it/

Demhist (ICOM International Committee for Historic House Museums: https://demhist.mini.icom.museum/

Dimore storiche italiane: https://www.dimorestoricheitaliane.it/

European Historic Houses: https://www.europeanhistorichouses.eu/

Icom Italia: https://www.icom-italia.org/

Ministero della Cultura, luoghi della cultura: https://cultura.gov.it/luoghi/cerca-luogo

Musei online: https://www.museionline.info/tipologie-museo/case-museo-e-dimore-storiche

Fondazione Carlo e Marise Bo per la Letteratura Europea Moderna e Contemporanea

BALDONI ELENA, *Tra biblioteca d'autore e biblioteca di ricerca: i libri di Carlo Bo a Urbino*, Università degli Studi di Urbino, Corso di laurea in Scienze archivistiche, librarie e dell'informazione documentaria, relatore Giovanni Di Domenico, 2012.

BO CARLO, *Delle immagini giovanili di Sainte-Beuve*, Firenze, Parenti, 1938.

— (a cura di), *Lirici spagnoli,* Milano, Corrente, 1941.

— (a cura di), *Narratori spagnoli*, Milano, Bompiani, 1941.

—, *Mallarmé*, Milano, Rosa e Ballo, 1945.

—, *Madame Bovary*, Firenze, Fussi, 1948.

—, *Città dell'anima: scritti sulle Marche e i marchigiani, 1937-2000*, Ancona, Il lavoro editoriale, 2000.

—, *Letteratura come vita*, a cura di S. Ritrovato, Rimini, Raffaelli - Urbino, Fondazione Carlo e Marise Bo, 2021 («Quaderni della Fondazione Bo», 4).

—, *Jacques Rivière*, a cura di Massimo Raffaeli, Rimini, Raffelli - Urbino, Fondazione Carlo e Marise Bo, 2023 («Quaderni della Fondazione Bo», 8).

BRUSCIA MARTA – VOGT URSULA (a cura di), *Carlo Bo. Bibliografia degli scritti (1929-2001) – Bibliografia degli scritti su Carlo Bo (1932-2015)*, con la collaborazione di Laura Toppan, prefazione di Stefano Verdino, Fano, Metauro, 2015.

DI DOMENICO GIOVANNI, "Non omnes legi sed omnes dilexi": *La biblioteca della Fondazione Carlo e Marise Bo per la letteratura europea moderna e contemporanea*, in *Biblioteche d'autore: pubblico, identità, istituzioni*, Atti del Convegno (Roma, 30 ottobre 2003), a cura di Giuliana Zagra, Roma, Associazione italiana biblioteche, 2004, pp. 23-37.

FULIGNA TIZIANA, *Una giornata a Urbino con Giancarlo De Carlo*, [Urbino], Comune di Urbino, Assessorato alla cultura, 2001.

GUEGLIO VINCENZO, *Carlo Bo agonista*, Sestri Levante, Gammarò, 2020.

LUCIDI ALCEO, *Bo. Una biografia*, Ancona, Il lavoro editoriale, 2021.

MATTIOLI TIZIANA (a cura di), *Carlo Bo alla ricerca di un Proust niente affatto perduto*, Catalogo della mostra, Rimini, Raffaelli, 2023.

MAZZINI FRANCO, *Urbino. I mattoni e le pietre*, Pesaro, Fondazione Cassa di risparmio di Pesaro, 1999, pp. 243-246.

PAIONI GIUSEPPE (a cura di), *A Carlo Bo: dediche 1930-2001. Da Rafael Alberti ad Andrea Zanzotto. Una mostra della Fondazione Carlo e Marise Bo Urbino*, Sant'Arcangelo di Romagna, Fara, 2003.

SITOGRAFIA

Fondazione Carlo e Marise Bo: https://fondazionebo.uniurb.it/

Casa Fellini

Amarcord l'infanzia tra i burattini di Federico, il regista Fellini, «Giannellachannel», 21 settembre 2015, https://www.giannellachannel.info/amarcord-linfanzia-tra-i-burattini-di-federico-il-regista-fellini/.

Barbieri Salvatore, *Federico Fellini, i 100 anni del genio riminese. Tra tante case una certezza: quella dei nonni a Gambettola. L'immobile nella cittadina d'origine della famiglia, che versava in stato di abbandono, sarà restaurato a breve dopo l'acquisto da parte del Comune*, «Corriere Romagna», 13 novembre 2019.

D'Altri Vincenzo, *Gambettola. Restauro di Casa Fellini, lavori al via in primavera. Pronti oltre 400.000 euro. Diventerà un contenitore culturale ma la nuova giunta non ha ancora deciso come. Varie iniziative per i 100 anni del regista*, «Il Resto del Carlino» (pag. Valle del Rubicone), 1° novembre 2019.

—, *Gambettola. Fellini è nel cuore e nei ricordi. Presentate le iniziative per celebrarne il centenario nella casa dei nonni dove il regista trascorse l'infanzia. Il Comune darà presto il via per sistemare l'edificio dedicandolo all'arte e alla cultura*, «Il Resto del Carlino»,12 gennaio 2020.

Fellini Federico, *Fare un film. Con l'*Autobiografia di un spettatore *di Italo Calvino* (1980), Torino, Einaudi, 2015.

Gambettola. Recupero di Casa Fellini. Lavori al via nel 2020, «Corriere cesenate», 7 novembre 2019.

Gori Gianfranco Miro, *Le radici di Fellini. Romagnolo nel mondo*, Cesena, Società Editrice "Il Ponte Vecchio", 2016.

Gradara Annamaria, *Fellini 100, Gambettola salva i ricordi di Federico*, «Corriere di Romagna», 11 novembre 2020.

Iarussi Oscar, *Amarcord Fellini. L'alfabeto di Federico*, Bologna, il Mulino, 2020.

Kezich Tullio, *Federico. Fellini, la vita e i film*, Milano, Feltrinelli, 2007.

Lorenzini Ezio, *Federico Fellini, mio cugino. Dai ricordi di Fernanda Bellagamba*, Cesena, Società Editrice "Il Ponte Vecchio", 1999, 2021².

Magnani Giorgio, *Radici di Fellini, nuove scoperte. Ricerche di Riva: tracce riconducibili al grande regista nei territori longianese e gambettolese. È stato appurato che la casa a Gambettola fu acquistata a rate nel 1853. Trovate carte che dimostrano che gli avi erano di Balignano*, «Corriere Romagna», 23 giugno 2006.

—, *Nel centenario della nascita del regista, i cui nonni abitavano a Gambettola, il 2020 dedicato a Federico Fellini. Iniziate le riunioni per gli eventi. La sindaca: "Già arrivate delle idee. E col recupero della casa dei nonni puntiamo a visitatori internazionali"*, «Corriere Romagna», 19 luglio 2019.

—, *Gambettola. La casa dei nonni di Fellini è pronta a lasciare il segno. Presentato il piano di recupero. Cantiere aperto in primavera. Mix tra storicità e immaginario*, «Corriere Romagna» (pag. Valle Rubicone), 1 novembre 2019.

—, *Nel paese dove abitavano i nonni. Un anno ricco di iniziative nel centenario di Fellini. Appuntamenti per tutti i gusti inseriti nel programma del Ministero. Gambettola così è accanto a Roma, Buenos Aires e Rimini*, «Corriere Romagna» (pag. Valle Rubicone), 12 gennaio 2020.

—, *Il ministro Franceschini in visita alla casa dei nonni di Fellini. La sindaca Bisacchi ha illustrato il progetto di recupero e gli ha chiesto fondi per fare i lavori*, «Corriere Romagna», 19 gennaio 2020.

Riva Claudio, *Ritrovata la data d'acquisto di Casa Fellini. La scoperta dedicata a Ezio Lorenzini per la sua pubblicazione delle memorie gambettolesi sul famoso regista*, «Il Resto del Carlino», 18 maggio 2006.

—, *A proposito di Casa Fellini in Gambettola (1853-1904)*, «Romagna arte e storia. Rivista quadrimestrale di cultura», CXV, gennaio-aprile 2020, pp. 97-103.

Sitografia

Casa Fellini. Gambettola. Forlì-Cesena: https://fondoambiente.it/luoghi/casa-fellini

La prima stanza. Casa Fellini: https://www.laprimastanza.com/casa-fellini/#:~:text=L'idea%20infatti%20%C3%A8%20di,altrettanti%20sempre%20pi%C3%B9%20ingenti%20entrate

Centro Studi e Casa Museo Osvaldo Licini

Apa Mariano, *Licini: opere dal 1913 al 1957*, Milano, Mondadori, 1985.

Baratta Gino – Bartoli Francesco, *Osvaldo Licini*, Ferrara, Siaca Arti Grafiche, 1980.

Barbero Luca Massimo, *Osvaldo Licini. Che un vento di follia totale mi sollevi*, Venezia, Marsilio, 2018.

Birolli Zeno, *Osvaldo Licini*, Mailand, A. Lucini, 1974.

Bracalente Stefano, *Licini a Grottazzolina e in altri paesi dell'anima*, Grottazzolina, Comune di Grottazzolina, 2008.

Bracalente Stefano – Simoni Daniela, *Licini nelle collezioni marchigiane*, Servigliano, Tipografia Cruciani, 2023.

Cifani Alfredo, *Osvaldo Licini: rivisitazione ambientale*, [s.l., s.n.], 2008.

Dania Luigi – Ferrari Carlo – Vitali Germano, *Osvaldo Licini*, Catalogo della mostra, Servigliano, Tipografia Cruciani, 1978.

De Rosa Stefano – Luti Giorgio, *Osvaldo Licini: una retrospettiva nel centenario della nascita*, Firenze, Artificio, 1994.

Eccher Danilo – Passoni Riccardo, *Osvaldo Licini. Capolavori*, Milano, Electa, 2010.

Gualdoni Flaminio, *Osvaldo Licini: Bruto, l'incostante, l'angelo*, Acqui Terne, Azienda Autonoma di Cura, 1985.

Gualdoni Flaminio – Cavadini Luigi – Torelli Landini Enrica, *Osvaldo Licini*, Lugano, Fidia Edizioni d'Arte, 1992.

Licini Osvaldo, *Errante erotico eretico. Gli scritti letterari e tutte le lettere*, raccolti da Zeno Birolli, a cura di Gino Baratta, Francesco Bartoli, Zeno Birolli, Milano, Feltrinelli, 1974.

Malatesta Giuseppe, *Osvaldo Licini. Dipinti e disegni*, Milano, Electa, 1988.

Mallè Luigi – Birolli Zeno – Passoni Aldo, *Osvaldo Licini*, Torino, [s.n.], 1968.

Marchiori Giuseppe, *Licini*, Milano, Vanni Scheiwiller, 1958.

—, *Osvaldo Licini, con 21 lettere inedite del pittore*, Roma, De Luca, 1960.

—, *I cieli segreti di Osvaldo Licini*, Venezia, Alfieri, 1968.

Melloni Carlo, *Luoghi dell'immaginario e scene dalla vita di Osvaldo Licini, 1894-1958*, Catalogo della Mostra, Fermo, Andrea Livi, 1988.

Patti Mattia, *Osvaldo Licini: Rebellious Angel*, London, Estorick Foundation, 2023.

Pontiggia Elena – Torelli Landini Enrica, *Licini. Gli anni Venti*, Catalogo della mostra, Monte Vidon Corrado, Comune di Monte Vidon Corrado-Macerata, Banca Carima, 1992.

—, *Licini. Gli anni Quaranta*, Catalogo della mostra, Fermo, Fisal, 1996.

—, *Osvaldo Licini. La stagione figurativa, il rapporto con il territorio marchigiano*, Catalogo della mostra, Cinisello Balsamo, Silvana Editoriale, 2008.

—, *Osvaldo Licini. Tra le Marche e l'Europa*, Cinisello Balsamo, Silvana Editoriale, 2008.

Pupilli Domenico, *Il Professor Catalini, vicenda umana e passione democratica di un "piccolo maestro"*, Fermo, Andrea Livi, 1995.

— (a cura di), *Ermenegildo Catalini. Un intellettuale tra liberalismo e comunismo*, «I quaderni. Trimestrale dell'Istituto Gramsci Marche», n. 22-23, 1997.

Simoni Daniela, *L'epistolario Licini-Catalini. Storie di amicizia, impegno, arte e vita*, in *Partiti e archivi nelle Marche*, «Storia e problemi contemporanei», XXI, 48, 2008, pp. 171-182.

— (a cura di), *Casa Museo Osvaldo Licini*, Monte Vidon Corrado, Casa museo O. Licini, 2013.

—, *Osvaldo Licini a Monte Vidon Corrado*, Macerata, Ephemeria, 2016.

—, *La Regione delle Madri. I paesaggi di Osvaldo Licini*, Catalogo della mostra, Milano, Electa, 2020.

Sitografia

Centro Studi e Casa Museo Osvaldo Licini: https://www.casemuseomarche.it/casa-museo-osvaldo-licini/

Casa natale di Francesco Paolo Michetti

AUGÉ MARC, *Nonluoghi* (1992), Milano, elèuthera, 2018.

BACHELARD GASTON, *La poetica dello spazio* (1957), Bari, Edizioni Dedalo, 2015.

BARILLI RENATO, *Il posto di Michetti nella pittura europea fin-de-siècle*, in *Francesco Paolo Michetti. Dipinti, pastelli, disegni*, Napoli, Electa, 1999, pp. 15-18.

BARILLI RENATO – BORGOGELLI ALESSANDRA – WEBER SUSANNA (a cura di), *L'ultimo Michetti. Pittura e fotografia*, Firenze, Alinari Idea, 2011.

BENZI FABIO, *Alcune indicazioni per la corretta esegesi e collocazione storica di un pittore internazionale*, in Fabio Benzi *et al.*, *Francesco Paolo Michetti. Catalogo generale*, Cinisello Balsamo, Silvana Editoriale, 2018, pp. 11-27.

D'ANNUNZIO GABRIELE, *Prose di romanzi*, I, Milano, Mondadori, 1988.

—, *Scritti giornalistici*, I, Milano, Mondadori, 1996.

—, *Scritti giornalistici*, II, Milano, Mondadori, 2003.

DI TIZIO FRANCO, *Gabriele d'Annunzio e gli amici del Cenacolo michettiano*, Pescara, Ianieri, 2021.

GIUSTOZZI NUNZIO, *Come la luna di ieri e di domani*, in *figura, ae. l'immagine delle immagini*, Catalogo del Premio Michetti 73, a cura di Nunzio Giustozzi, Macerata, Ephemeria, 2023, pp. 19-51.

LOMBARDINILO ANDREA, L'*arte del simulacro. Il doppio legame tra finzione e realtà*, in *figura,ae. l'immagine delle immagini*, a cura di Nunzio Giustozzi, Macerata, Ephemeria, 2022, pp. 13-29.

MANDARANO NICOLETTE, *Musei e media digitali*, Roma, Carocci, 2019.

MICHETTI FRANCESCO PAOLO, *Inediti*, Chieti, Noubs, 2001.

PASCUCCI GIULIANA, *Comunicazione museale*, Macerata, eum, 2007.

SENNETT RICHARD, *L'uomo artigiano* (2008), Milano, Feltrinelli, 2014.

Parco Poesia Pascoli

Ambrosini Cristina – Collina Claudia (a cura di), *Case e studi delle persone illustri dell'Emilia Romagna*, Bologna, Bologna University Press, 2022.

Battistini Andrea, *Pascoli e il «caro paesello»*, in *Il Ritorno annunciato. Pascoli e San Mauro: poesia fatti persone luoghi*, a cura di Gianfranco Miro Gori *et al.*, Cesena, Società Editrice "Il Ponte Vecchio", 2015, pp. 13-19.

Boschetti Rosita (a cura di), *Il giovane Pascoli attraverso le ombre della giovinezza*, San Mauro Pascoli, Comune di San Mauro Pascoli, 2007.

Cervetti Valerio (a cura di), *Giovanni Pascoli (1855-1912): vita, immagini, ritratti*, testi di Gianfranco Miro Gori, Rosita Boschetti, Umberto Sereni, Parma, Step, 2012.

Chiari Elisa, *San Mauro. Nel nido di Giovanni Pascoli*, Alba, San Paolo, 2022.

Garbuglia Luciana – Maroni Piero – Zavalloni Serena, *Dalla Torre a Villa Torlonia. Parco Poesia Pascoli*, San Mauro Pascoli, Comune di San Mauro Pascoli, 2024.

Maggiani Maurizio, *San Mauro, io lo so...*, in *Scrittori nelle case degli scrittori*, a cura di Paolo Casadio *et al.*, Mantova, Tre Lune, 2017, pp. 79-85.

Pascoli Maria, *Lungo la vita di Giovanni Pascoli*, Milano, Mondadori, 1961.

Scarpellini Angelo, *I canti di San Mauro di Giovanni Pascoli: saggio critico*, Savignano di Romagna, Stabilimento Tipografico Pietro Pascucci & C., 1924.

Sensini Francesca, «Io vivo altrove». Le case-museo di Giovanni Pascoli a San Mauro e a Castelvecchio di Barga, «Cahiers d'études romanes», XLVI, 2023, pp. 55-64.

Sitografia

Parco Poesia Pascoli: https://parcopoesiapascoli.it/

San Mauro e i luoghi del Pascoli: https://www.progettostoriadellarte.it/2020/10/09/san-mauro-e-i-luoghi-del-pascoli/

Analisi economico-gestionale

EISENHARDT KATHLEEN MARIE, *Building theories from case study research*, «Academy of management review», XIV, 4, 1989, pp. 532-550.

YIN ROBERT KUO-ZUIR, *Discovering the future of the case study. Method in evaluation research*, «Evaluation practice», XV, 3, 1994, pp. 283-290.

SITOGRAFIA

Associazione Nazionale Case della Memoria: https://www.casedellamemoria.it/it/le-case-associate.html#43.9026946/11.4016997/8/cats/204;209;211;207;216;217;218;219;220;228

Case e Studi delle Persone Illustri dell'Emilia-Romagna: https://patrimonioculturale.regione.emilia-romagna.it/case-studi-persone-illustri

Museionline: https://www.museionline.info/tipologie-museo/case-di-artisti/3

Database ACA

CONROY MELANIE, *Quantifying the Gap: The Gender Gap in French Writers' Wikidata*, «Journal of Cultural Analytics», VIII, 2, 2023, https://doi.org/10.22148/001c.74068.

VRANDEČIĆ DENNY – KRÖTZSCH MARKUS, *Wikidata: A Free Collaborative Knowledgebase*, «Communications of the ACM», LVII, 10, 2014, pp. 78-85, https://doi.org/10.1145/2629489.

ZHAO FUDIE, *A systematic review of Wikidata in Digital Humanities projects*, «Digital Scholarship in the Humanities», XXXVIII, 2, 2023, pp. 852-874, https://doi.org/10.1093/llc/fqac083.

SITOGRAFIA

Atlante delle Case d'Autore: https://atlantecasedautore.it/

Le Club des Illustres, Maisons des Illustres: https://illustres.fr/

Maisons des illustres: https://www.culture.gouv.fr/Aides-demarches/Protections-labels-et-appellations/Label-Maisons-des-illustres

Wikidata: https://www.wikidata.org/wiki/Help:Sitelinks/it

INDICE

FINITO DI STAMPARE
PER CONTO DI LEO S. OLSCHKI EDITORE
PRESSO ABC TIPOGRAFIA • CALENZANO (FI)
NEL MESE DI DICEMBRE 2024